Schweiz
Früher und Heute

Schweiz
Früher und Heute

Inhalt

Einleitung
Introduction
Introduzione　　　　　　　　　　　　7

Stadtbilder im Wandel
Changement de la physionomie des villes
Le città cambiano volto　　　　　　　9

Sportliche Höchstleistungen
Hautes performances sportives
Grandi prestazioni sportive　　　　105

© KOMET Verlag GmbH, Köln
www.komet-verlag.de
Gesamtproducing: twinbooks, München
(Angelika Bauer, Jennifer Künkler)
Text: Simone Toellner
Übertragung ins Französische: Isabelle Durand
Übertragung ins Italienische:
Dr. Daniele Pierini, Giuseppe Novella
Gesamtherstellung: KOMET Verlag GmbH, Köln
Alle Rechte vorbehalten
Printed in China

ISBN 978-3-89836-881-0

Tradition und Moderne
Tradition et modernité
Tradizione e Modernità — 49

Landschaft, Umwelt und Klima
Paysages, environnement et climat
Paesaggi, ambiente e clima — 81

Fortschritte in der Technik
Les progrès de la technique
Progressi nella tecnica — 129

Register — 158

Einleitung

Mehr als Heidi und Edelweiß
Obwohl die Eidgenossenschaft mit 7,59 Millionen Einwohnern ein kleines Land ist, hat sie unwahrscheinlich viel zu bieten.

Die Schweiz hat so viele Facetten, dass sie sich nur schwer in wenigen Worten aufzeigen lassen. Um sich dem Wesen dieses außergewöhnlichen Landes zu nähern, lohnt sich ein kurzer Blick in die Geschichte: Laut einer Legende wurde die Schweizerische Eidgenossenschaft Anfang August 1291 begründet. Auf dem Berg Rütli sollen drei Eidgenossen der Urkantone Uri, Schwyz und Unterwalden den sogenannten Rütlischwur ge-leistet haben. Dieser diente in erster Linie als Schutz der alten Freiheiten gegen die Willkür der habsburgischen Herrscher. Weitgehend wurde die Legende durch Friedrich Schillers Theaterstück „Wilhelm Tell" bekannt. Seit dem 13. Jahrhundert besteht die Eidgenossenschaft als loser Staatenbund. Zum föderalistischen Bundesstaat wurde sie erst mit der Verfassung von 1848. Die Schweiz gliedert sich heute in 26 Kantone. Diese „kochen" bezüglich Gesetzen, Verwaltung, Schulsystem oder der öffentlichen Ordnung alle „ihr eigenes Süppchen". In mehrerer Hinsicht hat die Schweiz heute international eine Sonderstellung inne, und das nicht nur aufgrund ihrer außenpolitischen Neutralität, die seit dem Wiener Kongress 1815 völkerrechtlich anerkannt ist. Das Land ist zwar in der EFTA, im Europarat, in der Welthandelsorganisation sowie der UNO vertreten, nicht jedoch in der Europäischen Union. Auch Wirtschaft und Industrie nehmen Sonderrollen ein: Nicht umsonst kommen vielen Ausländern, wenn sie an die Schweiz denken, zuerst Begriffe wie „Uhren", „Taschenmesser", „Käse", „Schokolade" und „Fi-nanzen" in den Sinn. All diese Besonderheiten, zusammen mit einer beeindruckenden Berglandschaft, machen die Schweiz zu einem Land voller interessanter Geschichten.
Am eindrucksvollsten lassen sich die Geschichten von den Veränderungen des Landes durch packende Bilder erzählen. 70 Bildpaare in diesem Band dokumentieren Wandel und Kontinuität, machen die Geschichte der Schweiz lebendig und bieten Stoff zum Nachdenken über die Zukunft. Die eindeutige Sprache, die die einzelnen Bildpaare in ihrem Nebeneinander sprechen, ermöglicht den Blick auf eine verborgene Vergangenheit und lässt die Gegenwart in einem neuen Licht erscheinen. Entdecken Sie die Schweiz, wie sie vielfältiger und bemerkenswerter nicht sein könnte – früher und heute.
Ein Buch, das nachdenklich macht – Bilder, die uns die Augen öffnen.

Made in Switzerland Neben Architekturlegende Le Corbusier verleiht heute vor allem der Tessiner Stararchitekt Mario Botta (* 1943) Schweizer Baukunst internationalen Ruhm. Die Wellnessanlage des Tschuggen Grand Hotel in Arosa ist nur eines der unzähligen Beispiele seiner modernen Entwürfe.

Introduction

Plus haut que Heidi et les édelweiss
Bien que la Confédération helvétique soit un petit pays avec 7,59 millions d'habitants, elle a beaucoup à offrir.

La Suisse dispose de tellement de facettes, qu'il est difficile de les présenter en quelques mots. Pour se rapprocher de l'essence de ce pays extraordinaire, une brève rétrospective de son histoire est nécessaire. D'après une légende, la Confédération helvétique a été fondée au début d'août 1291. Trois confédérés des cantons primitifs d'Uri, de Schwytz et d'Unterwald sont censés avoir prêté le serment dit «du Grütli» sur la montagne du Grütli. Ce serment servait en premier lieu à protéger les anciennes libertés contre l'arbitraire des souverains habsbourgeois. La légende est devenue célèbre grâce à la pièce de théâtre de Friedrich Schiller, «Guillaume Tell». La Confédération existe depuis le 13ème siècle sous forme de confédération libre d'Etats. Elle n'est devenue un état fédéral qu'avec la constitution de 1848. La Suisse s'organise aujourd'hui en 26 cantons. Ces cantons sont autonomes pour toutes les questions de législation, d'administration, de système scolaire ou d'ordre public. La Suisse occupe aujourd'hui à plusieurs égards une position particulière au niveau international qu'elle ne doit pas uniquement à sa neutralité en matière de politique étrangère, reconnue par le droit international depuis le congrès de Vienne en 1815. Ce pays est certes membre de l'EFTA, du Conseil de l'Europe, de l'Organisation mondiale du commerce ainsi que de l'ONU, mais il n'est cependant pas membre de l'Union européenne. Son économie et son industrie jouent aussi un rôle particulier: ce n'est pas sans raison que des notions comme «montres», «couteaux de poche», «fromages», «chocolat» et «finances» se présentent à l'esprit de nombreux étrangers quand ils pensent à la Suisse. Toutes ces particularités, ajoutées à un paysage de montagne impressionnant, font de la Suisse un pays plein d'histoires intéressantes. La manière la plus effective de raconter l'histoire des changements qui ont eu lieu dans ce pays, c'est d'en confronter des images captivantes. Les 70 paires d'images de ce volume témoignent du changement et de la continuité, rendent vivante l'histoire de la Suisse et donnent matière à réfléchir sur l'avenir. La juxtaposition de chaque paire d'images constitue un langage clair qui nous permet de poser le regard sur un passé dissimulé et laisse le présent apparaître sous un jour nouveau. Découvrez la Suisse, plus variée et plus remarquable qu'elle ne semblait être: autrefois et aujourd'hui.

Voici un livre qui alimente notre pensée, des images qui nous ouvrent les yeux.

Introduzione

Di più che Heidi e stelle alpine
Anche se la Confederazione Elvetica è un piccolo stato con 7,59 milioni di abitanti, ha incredibilmente molto da offrire.

La Svizzera ha cosi tante sfaccettature, che solo difficilmente si lascia descrivere in poche parole. Per avvicinarsi all'essenza di questa nazione straordinaria, vale la pena dare uno sguardo alla Storia: secondo una leggenda, la Confederazione Elvetica fu fondata all'inizio dell'Agosto 1291. Si dice che, sul monte Rütli, tre confederati degli antichi cantoni di Uri, Schwyz e Unterwalden abbiano prestato il cosiddetto Giuramento del Rütli. Questo servi in primo luogo a protezione delle antiche franchigie contro l'arbitrio dei Signori asburgici. La leggenda divenne famosa ovunque grazie all'opera teatrale "Guglielmo Tell" di Friedrich Schiller. Dal 13imo secolo la Confederazione Elvetica esiste come libera associazione di stati. È diventata uno stato federale per la prima volta con la Costituzione del 1848. Oggi la Svizzera si compone di 26 cantoni. In merito a leggi, amministrazione, sistema scolastico ed ordine pubblico essi "cucinano" tutti "la minestra a modo proprio". Per molti versi la Svizzera occupa oggi una posizione speciale nella scena internazionale; questo non solo a causa della sua neutralità in politica estera, che è riconosciuta dal diritto internazionale sin dal Congresso di Vienna del 1815. Il Paese è invero rappresentato all'EFTA, al Consiglio d'Europa, all'Organizzazione per il Commercio Mondiale come pure all'ONU, tuttavia non presso l'Unione Europea. Anche scienza ed industria occupano un posto di rilievo: non per nulla vengono per prime in mente a molti stranieri, quando pensano alla Svizzera, parole come "orologi", "coltellini tascabili", "formaggi", "cioccolata" e "finanze". Tutte queste particolarità, assieme ad un paesaggio di montagna impressionante, fanno della Svizzera un Paese pieno di vicende interessanti. Le storie sul cambiamento del Paese si lasciano raccontare nel modo più efficace attraverso fotografie suggestive. In questo opuscolo, 70 paia di fotografie documentano cambiamento e continuità, rendono viva la Storia della Svizzera ed offrono materiale per una riflessione sul futuro. Il linguaggio univoco che le singole coppie di fotografie esprimono nella loro vicinanza rende possibile lo sguardo ad un passato nascosto e fa apparire il presente in una nuova luce. Scoprite la Svizzera come più molteplice e più notevole non potrebbe essere – prima e adesso.

Un libro che fa riflettere – Fotografie che aprono gli occhi.

Beliebtes Fotomotiv Das Rheinufer mit seiner Mittleren Brücke ist das bekannteste Wahrzeichen der Stadt Basel. Bereits 1225 erbaut ist die Brücke einer der ältesten erhaltenen Rheinübergänge und verbindet bis heute die beiden Stadtteile Klein- und Großbasel.

Un motif photographique très apprécié La rive du Rhin avec le plus vieux pont de Bâle, construit en 1225, qui relie depuis lors le centre ville de Bâle et les quartiers environnants. Ce pont est emblématique de la ville.

Un soggetto fotografico amato Il ponte di Basilea, che attraversa il Reno. Costruito nel 1225, è una delle testimonianze storiche più antiche della città, di cui collega le due zone.

Stadtbilder im Wandel

Sichtbarer Zuwachs Da die Schweiz von den Zerstörungen und Bombardierungen der beiden Weltkriege des 20. Jahrhunderts bedingt durch ihre Sonderstellung weitestgehend verschont blieb, haben sich in ihren Städten vielfach historische Bausubstanzen erhalten. Dennoch vollzog sich allerorts ein städtebaulicher Wandel und die Städte vergrößerten sich meist um ihren historischen Kern herum. Wachstum und Fortschritt wurden allerdings behutsam integriert, sodass die Schweizer Städte heute meist ein harmonisches Miteinander von Alt und Neu aufzeigen.

Croissance visible Parce que les villes suisses n'ont pas eu à subir les bombardements des deux guerres mondiales, leurs caractéristiques historiques ont été conservées. Elles se sont agrandies en intégrant harmonieusement modernité et progrès.

Cresciuta al sicuro Grazie al suo status neutrale, la Svizzera é scampata ai bombardamenti della seconda guerra mondiale, conservando i beni più antichi delle proprie città. Esse, con l'andare del tempo, si sono sviluppate attorno ai loro centri storici, presentando cosí oggi un'affascinante armonia tra Antico e Moderno.

Basel – Münster
Ein lebendiges Baudenkmal im Wandel der Zeit

Um 1900 Das Basler Münster gehört zu den Hauptsehenswürdigkeiten der Stadt. Der älteste Teil der Bausubstanz stammt aus dem Vorgängerbau des 1019 geweihten sogenannten Heinrichsmünster, den jüngsten bildet der Martinsturm, der 1500 fertiggestellt wurde. Dazwischen liegt eine teils durch Zerstörung bedingte, fast ununterbrochene Bautätigkeit. So brannte das Münster 1185 nieder, sodass zwischen 1210 und 1230 ein spätromanischer Neubau entstand, auf den die heutige Gestalt des Münsters im Wesentlichen zurückgeht. 1356 zerstörte das Basler Erdbeben die fünf Türme, Teile der Krypta und mehrere Gewölbe, bald darauf wurde aber mit dem Wiederaufbau begonnen und schon 1363 konnte der Hochaltar wieder geweiht werden. Die ehemalige Bischofskirche war bis zur Reformation 1529 Hauptkirche des Bistums Basel, danach wurde sie zur evangelisch-reformierten Kirche Basel Stadt. Im 19. Jahrhundert wurden der Innenraum und die Außenfassade, die heute das Bild bestimmt, vollständig restauriert.

La cathédrale de Bâle

Vers 1900 Elle fait une des principales curiosités de la ville. Sa construction commence en 1019 et se déroule jusqu'en 1500. De nombreuses modifications ont par la suite été apportées aux bâtiments, pour diverses raisons comme des destructions, des incendies, etc.

Basilea – Monastero

Attorno al 1900 Il monastero è annoverato tra le principali meraviglie della città. La parte più antica della struttura è del 1019, il Monastero di Enrico. La più recente è la Torre di San Martino, del 1500. Nei secoli, per via di incendi e rimaneggiamenti, il monastero ha subito numerose trasformazioni.

Kampf gegen den Verfall Zwischen 1973 und 1975 versuchte man, zeitgleich zu archäologischen Grabungen rund um das Münster, durch Renovierungsarbeiten die spätromanische Bausubstanz wieder stärker zu betonen sowie den langsamen Verfall der roten Buntsandsteinfassade aufzuhalten. Einige Umbaumaßnahmen der 1850er-Jahre wurden hierzu wieder rückgängig gemacht. So wurde das Bodenniveau gesenkt, die Vierungskrypta wieder zugänglich gemacht und eine Eisenbetondecke eingezogen. 1991 folgte die Restaurierung des Chorgewölbes und 1996–1999 eine umfassende Innenrestaurierung. 1986 wurde die Münsterbauhütte wieder eröffnet. Selten sieht man seitdem das Münster ohne Baugerüst, wie hier am Georgsturm.

Lutte contre la dégradation Des travaux de rénovation ont été effectués, de 1973 à 1975, afin d'enrayer l'inexorable dégradation de la façade en grès rouge, et pour rendre la crypte accessible par l'abaissement du niveau du sol. D'autres travaux ont suivi.

Battaglia contro il degrado Tra il 1973 e il 1975 si cercò di consolidare la struttura del monastero. A questo scopo fu ribassato il livello del pavimento, la cripta fu resa accessibile di nuovo, e fu posto un rivestimento di cemento armato sul soffitto. Nel 1991 venne ristrutturata la volta del coro, e tra il 1996 e il 1999 gli interni.

Basel – Bahnhof Basel SBB
Vom schlichten Holzbau zum größten Grenzbahnhof Europas

Um 1890 Das Gebäude des Centralbahnhofs wurde 1859/60 erbaut. Vorher befand sich dort ein schlichter Holzbau. Er wurde 1854 für die Linie Basel nach Liestal erstellt, um die Stadt mit dem wachsenden Netz der Schweizerischen Centralbahngesellschaft zu verbinden. Der neue Bahnhof im Stil der Neorenaissance umfasste ein 145 Meter langes Aufnahmegebäude und zwei Einsteigehallen. Ein Kuriosum waren die beiden Uhren an der Fassade. Sie symbolisierten die Eingliederung des französischen Bahnhofs Basel SNCF in den Schweizer Bahnhof und zeigten daher die jeweilige Zeit des Landes an. Vom Bahnhof in die Stadt kam man mit Pferdeomnibussen, in Basel auch „Rösslitram"genannt.

Bâle – La gare Bâle-CFF
Vers 1890 Construite en 1859–1860 dans le style néo renaissance, pour la ligne Bâle-Liestal, le bâtiment exceptionnel de la gare centrale dispose de deux horloges symbolisant l'intégration des réseaux français et suisses.

Basilea – Stazione di Basilea SBB
Attorno al 1890 La stazione venne costruita nel 1860 al posto di una precedente costruzione in legno, per essere impiegata per la linea Basilea-Liestal. La stazione era in stile neorinascimentale ed aveva una lunghezza di 145 mt. Dalla stazione alla città correva il "Rösslitram", il caratteristico bus trainato da cavalli.

Europas größter Grenzbahnhof Bis heute wurde der ehemalige Basler Centralbahnhof, heute Basel SBB, mehrmals umgebaut und erweitert. Nach Plänen der Architekten Emil Faesch (1865–1915), der die Bahnsteighallen gestaltete, und Emanuel La Roche (1863–1922), der für die Aufnahmegebäude verantwortlich war, wurde 1904–1907 das neue Bahnhofsgebäude mit einer neobarocken Fassade erbaut. Die Erweiterungen waren erforderlich, da die zahlreichen neuen Bahnverbindungen – darunter ab 1882 die Gotthardbahn – die Kapazitäten des alten Bahnhofs überforderten. Mit seinen vielen nationalen und internationalen Verbindungen ist der Basel SBB der größte Grenzbahnhof Europas. Die beiden Fassadenuhren, die noch vom alten Centralbahnhof stammen, sind übrigens erhalten. Doch anders als noch vor über 100 Jahren fährt man heute mit elektrischen Trambahnen vom Bahnhof in die Stadt.

La plus grande gare frontalière d'Europe L'ancienne gare centrale, devenue Bâle-CFF, a subi de nombreux remaniements architecturaux indispensables pour répondre aux exigences des nouvelles liaisons internationales. Elle a toutefois conservé ses horloges.

La più grande stazione di confine d'Europa Fino ad oggi l'edificio della stazione è stato più volte ricostruito ed ampliato, per supportare i nuovi numerosi collegamenti che hanno reso la SBB la più grande stazione ferroviaria d'Europa. Nonostante le grandi trasformazioni, i due orologi della facciata sono stati conservati da oltre 100 anni.

Basel – Spalentor
Ein altes Stadttor wird zum modernen Kunstobjekt

Um 1860 Das im 14. Jahrhundert erbaute Spalentor in Basel war als Torturm Teil der äußeren gezinnten Stadtmauer. Während die Mauer gegen Ende des 19. Jahrhunderts in großen Teilen abgerissen wurde, blieb das Spalentor als eines von drei der ehemals sieben Tortürme erhalten. Nachdem 1866/67 auch noch die Reste der Mauer abgetragen wurden, stand das Spalentor frei. Von nun an kontrollierten statt der Torwache zwei Polizisten, die zum nahe gelegenen Polizeiposten gehörten, den Zugang in die Stadt.

Bâle – La porte de Spalen
Vers 1860 La porte de Spalen, à Bâle, construite au XIVᵉ siècle, faisait partie des 7 tours de la muraille d'enceinte de la ville, en grande partie détruite vers la fin du XIXᵉ siècle, dont 3 seulement ont été conservées.

Basilea – Spalentor
1860 ca. Costruita nel 14imo secolo, era parte delle mura esterne della città, ed è la più imponente delle tre torri della fortificazione di Basilea, rimasta intatta nonostante le mura siano state abbattute. Attualmente, al posto del guardiano della torre, due poliziotti vigilano l'antico ingresso della città.

Moderne Lichtkunst Das rund 40 Meter hohe Spalentor, das heute zu den schönsten Stadttoren der Schweiz zählt, wurde 1933 vom Kanton Baselstadt vollständig restauriert und unter Denkmalschutz gestellt. Anlässlich der Fußballeuropameisterschaft 2008 tauchte der Schweizer Illuminationskünstler Gerry Hofstetter (* 1963) das ehemalige Stadttor in rot-weißes Licht. Im Februar 2008 begeisterte seine neueste Lichtinstallation unter dem Motto: „Der Fußball lässt das Spalentor erstrahlen."

Illuminations modernes La porte de Spalen, haute de 40 mètres et entièrement restaurée en 1933, compte parmi les plus belles de Suisse. En 2008, l'artiste Gerry Hofstetter l'a illuminée de blanc et de rouge, à l'occasion du Championnat d'Europe de football.

Arte moderna dell'illuminazione La Spalentor, alta quasi 40 mt ed annoverata tra le porte cittadine più belle della Svizzera, è stata restaurata nel 1933 e posta sotto tutela. Per i campionati europei di calcio del 2008, la porta è stata illuminata con luci bianche e rosse dall'artista Gerry Hofstetter .

Basel – Wettsteinbrücke
Stilgerecht erweitert und modernisiert

Um 1919 Die Wettsteinbrücke ist die zweitälteste Rheinbrücke der Stadt Basel. Seit 1879 verbindet die „Schiefe Brücke zu Basel" die beiden Stadtteile Kleinbasel und Großbasel. Die Bezeichnung „Schiefe Brücke" bezieht sich auf die Neigung der Brücke, die zwischen den beiden Uferseiten 2,67 Prozent beträgt. Ihren offiziellen Namen „Wettsteinbrücke" erhielt sie erst zwei Jahre nach ihrer Einweihung in Gedenken an den ehemaligen Basler Bürgermeister Johann Rudolf Wettstein (1594–1666). Der stetig wachsende Verkehr sowie der Bau der einspurigen Straßenbahn im Jahr 1919 führten dazu, dass die Fahrbahn verbreitert werden musste. Bei dem Umbau im Jahr 1935 wurden unter anderem die vier monumentalen, je drei Meter hohen und fünfzig Zentner schweren Basilisken auf den Pfeilern entfernt. Die erweiterte Brücke, die am 4. Juni 1939 eingeweiht wurde, hatte eine Breite von 21,5 Metern und bot damit Platz für zwei Straßenbahnspuren.

Bâle – Le pont Wettstein
Vers 1919 Le pont Wettstein est le deuxième pont le plus ancien sur le Rhin et, depuis 1879, ce pont dit « penché » en raison de son inclinaison de 2,67 %, relie les deux rives de la ville. Il a été modifié et élargi en 1919 et en 1935.

Basilea – Ponte Wettstein
1919 ca. Il ponte Wettstein è il secondo ponte più vecchio di Basilea sul Reno, costruito nel 1879. E' chiamato anche "ponte storto" per via della sua inclinazione. Ha il nome ufficiale di "ponte Wettstein" da due anni, quando fu dedicato a Johann Rudolf Wettstein. Successivamente si costruì sopra un tratto di tramvia ad una corsia, e nel 1935 vennero realizzati quattro basilischi.

Tradition und Moderne Ende der 1980er-Jahre war die Brücke so stark beansprucht, dass sie als stark baufällig eingestuft wurde und man über einen Neubau diskutierte. Schließlich entschieden sich die Basler Bürger in einer Volksabstimmung für den Sanierungsentwurf des Schweizer Architektenbüros Bischoff + Rüegg, der 1991 realisiert wurde. Während die beiden Strompfeiler erhalten blieben, wurde die Brückendecke komplett neu gebaut. Im Sinne einer Sanierung im alten Stil wurde einer der Basilisken der Brücke von 1879 am Brückenkopf auf der Großbaslerseite wieder aufgestellt. Bis heute ist die Wettsteinbrücke eines der prägenden Bauwerke der Stadt.

Tradition et modernité En raison de sa vétusté, ce monument marquant de la ville a été entièrement restauré en 1991. Ses deux piliers principaux ont été conservés et l'un des quatre basilics, qui l'ornaient en 1879, a été placé à une des extrémités du pont.

Tradizione e Modernità Alla fine degli anni '80 si discusse sulla creazione di una nuova struttura, dal momento che il ponte era stato nel tempo pesantemente sfruttato. Tramite un suffragio, nel 1991 si stabilì un progetto di risanamento. A questo scopo, uno dei basilischi del 1879 fu ricollocato sul ponte. Fino ad oggi il ponte è una delle costruzioni più grandiose della città.

17

Stein am Rhein – Rathaus
Vom Handelshaus zum Rathaus und Wahrzeichen der Stadt

Um 1900 Stein am Rhein im Kanton Schaffhausen liegt am Auslauf des Rheins aus dem Bodensee. Die Gemeinde bietet eine der schönsten mittelalterlichen Altstädte der Schweiz und ist berühmt für ihre prächtigen Fassadenmalereien und altehrwürdigen Riegelhäuser. Das stattliche Rathaus, das zwischen 1539 und 1542 erbaut wurde, war ursprünglich ein Handelshaus. Erst 1745 erhielt es seinen Fachwerkaufsatz und die Mansardenbedachung. Die Wandgemälde wurden um 1900 hinzugefügt und zeigen Episoden aus der Stadtgeschichte.

Stein am Rhein – L'hôtel de ville
Vers 1900 L'hôtel de ville de Stein-am-Rhein, construit entre 1539 et 1542, présente une façade à colombages et une toiture mansardée. Ses peintures murales ont été ajoutées vers 1900 et représentent des épisodes de l'histoire de la ville.

Stein am Rhein – Municipio
Attorno al 1900 La città, costruita all'affluenza del Reno nel Lago di Costanza, possiede i più begli edifici medievali della Svizzera ed è celebre per le decorazioni artistiche sulle case a graticcio. Il municipio fu costruito tra il 1539 e il 1542, e nel 1745 fu costruita l'alzata di tralicci e la copertura della mansarda.

Zeuge der Vergangenheit Heute ist das Rathaus das Wahrzeichen von Stein am Rhein. Nicht nur seine Fassade zeugt von der Geschichte der Gemeinde. Im zweiten Obergeschoss befindet sich ein kleines Museum, das jedoch nur auf Voranmeldung besichtigt werden kann. Es zeigt die Rathaussammlung, die Exponate aus altem Stadtbesitz und Ankäufe aus jüngerer Zeit sowie Rüstungen, Waffen, Banner und Fahnen der Steiner umfasst. Zudem befinden sich im Rathaus die Räume des heutigen Stadtarchivs. Wer die idyllische Atmosphäre des Rathausplatzes genießen möchte, findet ringsum zahlreiche Cafés und Restaurants, von denen man einen Blick auf das Rathaus und die Bürgerhäuser werfen kann.

Témoin du passé L'hôtel de ville est l'emblème de la ville, dont la façade et le musée qu'il abrite sont les témoins historiques. Les archives municipales se trouvent également à l'intérieur. Une ambiance chaleureuse se dégage de la place de l'Hôtel-de-Ville.

Testimonianza del passato Oggi il municipio è il simbolo di Stein am Rhein. Al secondo piano è stato allestito un piccolo museo, visitabile solo su prenotazione. Nel municipio si trovano inoltre gli archivi della città. Attorno ad esso, vi sono numerosi caffè e ristoranti, per chi volesse godere l'atmosfera della piazza del municipio.

19

Dezember 1972 Die Bauarbeiten zur Großbebauung „Telli" in Aarau sind in vollem Gang. Drei Jahre zuvor hatte die Aarauer Gemeindeversammlung die Bebauung des bislang nur landwirtschaftlich genutzten Geländes im Nordosten der Stadt beschlossen. Die Planung der neuen Wohnsiedlung stammte von dem Schweizer Architekten Hans Marti (1913–1993). Begonnen wurde mit dem mittleren Teil der vier Wohnkomplexe, der sogenannten „mittleren Telli", die 1990 fertiggestellt wurde. „Telli" bedeutet übrigens Delle oder leichte Vertiefung. Der Name der neuen Siedlung spielt damit auf die Lage des Geländes an. Heute hat Aarau rund 16 000 Einwohner, von denen etwa ein Sechstel in der Telli-Bebauung lebt. Zu der „Stadt in der Stadt" gehören ein Einkaufszentrum, das Telli-Hochhaus, in dem ein Teil der kantonalen Verwaltung untergebracht ist, sowie der Telliring. Letzterer ist ein runder Rasenplatz zwischen der Bebauung und der Altstadt; er gilt als die erste öffentliche Turnanlage der Schweiz.

Aarau – Le quartier Telli
Décembre 1972 Les travaux de construction du quartier Telli, à Aarau, sont en plein essor. Une nouvelle cité moderne conçue par l'architecte Hans Marti, comportant, entre autres, quatre complexes d'habitation et un centre commercial, voit le jour.

Aarau – Piano di costruzione di „Telli"
Dicembre 1972 L'attività di edificazione sulla zona rurale procedeva a pieno ritmo. L'urbanizzazione fu un'idea dell'architetto Hans Marti e cominciò con la costruzione dei primi quattro blocchi abitativi, completati nel 1990. Oggi "Telli" ospita circa un sesto dei 16 000 abitanti di Aarau.

Urbane Ländlichkeit Der mittlere Teil der Telli-Bebauung hat noch etwas von seiner ursprünglichen Ländlichkeit behalten: Der dem Wohnkomplex vorgelagerte Außenraum ist bis heute verkehrsfrei und erinnert an die Landschaft um 1900. Die Schrebergärten mit dem dahinter fließenden Sengelbach und den umliegenden Wiesen bieten einen auffälligen Kontrast zu den lang gezogenen und leicht angewinkelten Wohnkomplexen.

L'urbanisation à la campagne La partie centrale du quartier Telli a conservé des caractéristiques de la vie rurale. La circulation a été bannie d'une partie de la zone résidentielle où des jardins ouvriers contrastent avec les habitations.

Rusticità urbana La parte centrale di „Telli" non ha abbandonato la sua rusticità originaria. I complessi abitativi, infatti, presentano un ampio spazio esterno senza traffico, con orti e grandi prati in contrasto con la rigidità e la spigolosità delle abitazioni.

Zürich – Luftaufnahme
Eine Weltstadt zwischen Seeufer und Gebirgspanorama

Um 1900 Zürich, die Hauptstadt des gleichnamigen Kantons, liegt am nördlichen Ende des Zürichsees zwischen dem Ütliberg im Westen und dem Zürichberg im Osten. Vor 1893 umfasste die Gemeinde das Gebiet der heutigen Altstadt; knapp 26 000 Einwohner zählte Zürich damals. Weite Ackerflächen bestimmten die Landschaft. Mit der Eingemeindung der umliegenden Dörfer stieg die Einwohnerzahl um 1900 auf über 150 000 an. Zugleich profitierte die Stadt von ihrer verkehrsgünstigen Lage. Im 19. Jahrhundert entwickelte sich Zürich zu einem Verkehrs- und Wirtschaftszentrum der Schweiz. Hier gab es eine florierende Maschinen- und Textilindustrie, Banken und Versicherungen ließen sich nieder, immer mehr Touristen kamen in die aufstrebende Stadt. Trotz Industrialisierung und Bauboom hat sich Zürich seinen dörflich-kleinstädtischen Charakter bewahrt.

Zurich – Vue aérienne
Vers 1900 Zurich, capitale de son canton, se situe sur la pointe nord du lac de Zurich. La ville bénéficie d'une situation géographique qui en fait un axe routier et économique incontournable de la Suisse. Elle a conservé ses caractéristiques de petite ville.

Zurigo – Scorcio dall'alto
Attorno al 1900 Zurigo si estende a nord del lago omonimo. Prima del 1893 il comune consisteva nell'attuale zona vecchia della città. A partire dal 1900, la città si estese anche sulle colline vicine, raggiungendo gli oltre 150 000 abitanti, e diventando il principale centro commerciale ed economico della Svizzera.

Weltstadt im Kleinformat Wie der Blick vom Ütliberg zeigt, hat sich die Stadt in alle Richtungen ausgedehnt. Zürich ist ein bedeutender Finanzplatz mit einem großen Kulturangebot; Forschung und Wissenschaft spielen ebenfalls eine wichtige Rolle. Heute ist Zürich die größte und internationalste Stadt der Schweiz: Von den rund 370 000 Einwohnern, die heute in Zürich leben, stammt fast jeder vierte aus dem Ausland. Laut einer Studie des Consultingunternehmens Mercer bietet Zürich die weltweit höchste Lebensqualität. Nicht nur wirtschaftlich, auch kulturell ist Zürich eine Weltstadt, eingebettet in eine intakte Natur. Hier lässt es sich nicht erst seit heute gut leben und arbeiten. Bereits Thomas Mann (1875–1955), Bertolt Brecht (1898–1956), James Joyce (1882–1941) und Lenin (1870–1924) wussten die hohe Lebensqualität Zürichs zu schätzen. Ihnen allen diente die Stadt an der Limmat lange Zeit als Wahlheimat.

Une ville cosmopolite au petit format Zurich est une place financière importante où la recherche et la science jouent un rôle important. De plus, la ville bénéficie d'une offre culturelle étendue. Un quart de ses habitants est d'origine étrangère.

Una metropoli in formato ridotto Zurigo si è decisamente ampliata, raggiungendo i 370 000 abitanti e diventando un importante centro finanziario e scientifico. Sia dal punto di vista economico che culturale, è oggi una vera metropoli, immersa nella natura più incontaminata che fu apprezzata da personaggi come Thomas Mann o James Joyce.

Zürich – Börse
Von der Zürcher Effekten- zur Welthandelsbörse

Um 1900 Die erste Schweizer Börse wurde 1850 in Genf gegründet. Mit dem stetigen Aufschwung der Schweizer Wirtschaft in den folgenden Jahrzehnten wurden weitere Börsen in Basel, Zürich, Lausanne, Bern, St. Gallen und Neuenburg gebaut. Die erste Börse in Zürich steht noch heute in der Bahnhofstraße 3. Sie verdankt ihre Entstehung dem Anstieg des Kapitalbedarfs während der industriellen Revolution in der ersten Hälfte des 19. Jahrhunderts. Das Börsengebäude wurde in den Jahren 1877–1890 von den Architekten Albert Müller (1846–1912) und Caspar Conrad Ulrich (1846–1899) erbaut. Weil es mit der

Zeit zu klein wurde, zogen die Börsianer 1926 in die heute noch bestehende Alte Börse in der Nähe des Zürcher Paradeplatzes. Bis 1992 war sie der größte Schweizer Handelsplatz für Wertpapiere.

Zurich – La bourse
Vers 1900 La première bourse a été fondée à Genève en 1850 et, en raison de la croissance économique suisse, d'autres ont été construites, en particulier à Zurich. Jusqu'à 1992, la bourse de Zurich était la plus importante place financière pour l'échange de titres.

Zurigo – La Borsa
Verso il 1900 La prima Borsa di Zurigo è sita ancora oggi nella Bahnhofstraße n. 3. La sua fondazione fu dovuta all'aumento della domanda di capitali. L'edificio fu costruito nel 1877 dagli architetti Müller ed Ulrich, ma col tempo divenne necessario un edificio più grande. Così la borsa si è trasferita dal 1926 nei pressi della Paradeplatz di Zurigo.

Die neue Zürcher Börse Im Jahr 1992 folgte ein weiterer Börsenumzug, diesmal von der Alten Börse in den Neubau an der Selnaustraße. Die neue Zürcher Börse wurde von dem Schweizer Architekturbüro Suter + Suter erbaut und am 18. September 1992 vom Effektenbörsenverein feierlich eingeweiht. Heute ist sie der Sitz der Schweizer Börse, SWX Swiss Exchange, die im Mai 1995 durch den Zusammenschluss der drei Börsen Genf, Basel und Zürich im Verein Schweizerische Effektenbörse entstand. Nach einem Generalversammlungsbeschluss wurde der Verein der Effektenbörse 2002 in die Aktiengesellschaft „SWX Swiss Exchange" umgewandelt. Nach dem Aufkauf der US-Optionsbörse ISE durch die deutsche und Schweizer Börse im Jahr 2007 entstand hier einer der größten Handelsplätze für Finanzderivate.

La nouvelle bourse zurichoise En 1992, la bourse déménage dans un nouveau bâtiment, construit par les architectes Suter + Suter. Il est aujourd'hui le siège du SWX Swiss Exchange, issu de la fusion des bourses de Genève, de Bâle et de Zurich.

La nuova Borsa di Zurigo Nel 1992 la Borsa si trasferì nella Seinaustraße venendo inaugurata il 18 Settembre. Oggi è la sede della Borsa svizzera, la SWX Swiss Exchange, che nasce dalla costituzione in società delle Borse di Ginevra, Basilea e Zurigo. Nel 2002 essa divenne società per azioni ed è attualmente la più importante piazza svizzera del mercato finanziario.

Zürich – Grossmünster
Eine Kirche als Wahrzeichen der Reformation

Zürich - Rathausquai mit Grossmünster

Um 1900 Mit ihren weithin sichtbaren Doppeltürmen überragt die Grossmünsterkirche die Altstadt. Genauer gesagt befindet sie sich am rechten Ufer der Limmat inmitten der Altstadt, eingebettet zwischen Zwingli- und Grossmünsterplatz. Der Legende nach stiftete Karl der Große (747–814) eine erste Kirche an der Stelle, die die Stadtheiligen Felix und Regula, nachdem sie an der Limmat enthauptet worden waren, noch mit dem Kopf unter dem Arm erreicht haben sollen. Die heute noch bestehende romanische Kirche wurde 1100–1230 auf einem Vorgängerbau errichtet. Der Bau der heutigen Kirche umfasste sechs Bauphasen, in die mehrere Stilrichtungen mit einflossen. Zur Zeit der Reformation in der ersten Hälfte des 16. Jahrhunderts war das Grossmünster die Wirkungsstätte der Schweizer Reformatoren Huldrych Zwingli (1484–1531) und Heinrich Bullinger (1504–1575). Hier, in der Grossmünsterkirche, nahm die Reformation in der Schweiz ihren Anfang.

Zurich – Le Grossmünster

Vers 1900 Les tours jumelles de la cathédrale de Zurich dominent la vieille ville. L'église romane, construite entre 1100 et 1230, présente 6 styles différents qui correspondent aux étapes de sa construction. Elle est aujourd'hui de culte protestant.

Zurigo – Grossmünster

Attorno al 1900 Il monastero si trova nella città vecchia, sulla riva destra del Limmat. La leggenda vuole che Carlo Magno ne sia il fondatore. La chiesa romanica fu costruita tra il 1100 e il 1230, e nel periodo della Riforma divenne centro propulsore del protestantesimo.

Wahrzeichen mit Rundumblick Das Grossmünster, dessen karger Innenraum bis heute an die Reformation erinnert, zählt mit dem Fraumünster und der St. Peter-Kirche zu den bekanntesten Zürcher Kirchen. Die beiden Doppeltürme, die der französische Schriftsteller Victor Hugo (1802–1885) als „hässliche Pfefferbüchsen" bezeichnete, sind das eigentliche Wahrzeichen der Stadt. An ihnen lässt sich die lange Bauzeit des monumentalen Sakralbaus sehr gut nachvollziehen: Vom Boden bis zur Firsthöhe sind die Türme romanisch, ab der Firsthöhe bis zur Galerie dominiert der gotische Stil, dann folgen die neogotischen Turmkuppen, die aus dem ausgehenden 18. Jahrhundert stammen. Besucher, die einen weiten Rundumblick über Zürich genießen wollen, können heute die Türme besteigen.

Un emblème avec vue panoramique Les tours du Grossmünster sont accessibles aux touristes qui souhaitent admirer la vue de Zurich. L'intérieur de cette cathédrale, qui est l'une des trois églises les plus importantes de Zurich, rappelle la Réforme protestante.

Uno sguardo ai simboli Il Grossmünster, insieme al Fraumünster, è la chiesa più conosciuta di Zurigo. Le due torri del monastero permettono di ripercorrere il lungo tempo della loro costruzione grazie ai numerosi stili presenti. Esse sono oggi un vero simbolo di Zurigo. E' inoltre possibile visitare l'interno delle torri.

Zürich – Quaibrücke
Damals wie heute – wichtige Brücke für den Fuß- und Fahrverkehr

Um 1920 Die Zürcher Quaibrücke wurde 1882–1884 von dem Schweizer Bau-
ingenieur Arnold Bürkli (1833–1894) erbaut. Bis heute ist sie für Fußgänger
und den Auto- und Tramverkehr die einzige Verbindung zwischen dem Belle-
vue- und dem Bürkliplatz. Mit der Quaibrücke wurden auch die Kaianlagen an
den beiden Seeufern, vom Hafen Enge bis zum schräg gegenüberliegenden
Hafen Riesbach, gebaut. Wegen des stetig steigenden Verkehrs wurde die
inzwischen 100 Jahre alte Quaibrücke im März 1984 durch eine neue Brücke,
die parallel zur alten Brücke auf Stahlträgern gebaut wurde, ersetzt.

Zurich – Le Quaibrücke
Vers 1920 Construit entre 1882 et 1884, le pont Quaibrücke, qui relie Bellevue
et la place Bürkli, est alors destiné aux piétons, aux automobiles et aux tram-
ways. Mais l'accroissement de la circulation a rendu indispensable la construction d'un nouveau pont.

Zurigo – Quaibrücke
Attorno al 1920 Il Quaibrücke fu costruito nel 1882–1884. Sino ad oggi è
l'unico collegamento tra la Bellevueplatz e la Bürkliplatz. Con esso vennero
anche costruite le strutture delle banchine. Nel 1984, a causa del grande
traffico, il Quaibrücke è stato sostituito da un nuovo ponte parallelo ad esso.

Hohe Verkehrsdichte Die neue Quaibrücke ist eine der wichtigsten Verkehrs-
adern in Zürich. Jeden Tag wird sie von Tausenden Autos befahren; hinzu
kommt der Schienenverkehr von fünf Tramlinien. Unter der Quaibrücke
verkehren Boote und Ausflugsschiffe, die von der Limmat in den Zürichsee
und zurück fahren. Noch immer ist die Quaibrücke ein beliebter Anziehungspunkt für die Touristen, da sie bei gutem Wetter eine herrliche Aussicht auf
die zahlreichen Zürcher Kirchen wie etwa das Grossmünster (rechts im Bild),
das Fraumünster (links im Bild) und die St. Peter-Kirche bietet. Nach 24 Jahren
intensiver Nutzung musste die Brücke erneut instand gesetzt werden. Die
Quaibrücke wurde von Mitte August bis Mitte Oktober 2008 in zwei Etappen
saniert. Dabei wurden die 20 Jahre alten Gleise und Fahrleitungen sowie die
öffentliche Beleuchtung ersetzt.

Densité élevée du trafic Le nouveau pont constitue aujourd'hui l'une des
artères les plus fréquentées de la ville. C'est aussi un lieu attrayant qui offre
une vue magnifique, pour les touristes et les promeneurs, vers les nombreuses
églises de la ville. Il a été rénové en 2008.

Maggiore consistenza del traffico Il nuovo Quaibrücke è la più importante
arteria di communicazione di Zurigo. Ogni giorno è attraversato da migliaia di
auto, sotto di esso sfilano navi ed imbarcazioni per le escursioni, in più è visita-
to da tantissimi turisti. Per via dello sfruttamento massiccio, nel 2008 è stato
parzialmente risanato, in due tappe.

Zürich – Panorama der Stadt
Früher Kleinstadt, heute Metropole mit heimeligem Flair

1941 Das Stadtbild von Zürich wird seit Jahrhunderten von seinen Kirchen und seiner Lage am Alpenrand geprägt. Da die Schweiz während des Zweiten Weltkrieges neutral blieb, blieben die Schweizer Städte – anders als fast überall sonst in Mitteleuropa – von Bombardements und Zerstörung verschont. Das ist auch der Grund, warum Zürich seinen kleinstädtischen Charme vor der imposanten Kulisse der Alpen bewahren konnte. In Zürich findet man keine breiten Boulevards und nur wenige Hochhäuser, aber dafür umso mehr sehr gut erhaltene Kunstdenkmäler. Die Aufnahme zeigt im Vordergrund den Kirchturm der Predigerkirche, dahinter die St. Peter-Kirche. Mit 8,7 Metern Durchmesser ist die Turmuhr der St. Peter-Kirche die größte Turmuhr Europas. Links neben St. Peter steht das Fraumünster, dessen wertvolle Glassteinfenster Marc Chagall (1887–1985) geschaffen hat.

Zurich – Panorama de la ville
1941 L'aspect de la ville, inchangé depuis des siècles, est marqué par ses monuments historiques et sa situation en bordure des Alpes. L'illustration montre un panorama de la ville avec, au premier plan, ses églises les plus connues.

Zurigo – Panorama della città
1941 L'immagine della città di Zurigo è da secoli caratterizzata dalle sue chiese e dal suo lago al confine con le Alpi. Avendo evitato i bombardamenti della seconda guerra mondiale, Zurigo conserva ancora il suo fascino da "piccolo centro", con i suoi numerosi monumenti conservati in modo eccellente.

Eine moderne Großstadt und ihre Kirchen Trotz steigender Einwohnerzahlen – im Jahr 2008 hatte die Stadt erstmals seit 30 Jahren wieder 380 000 Bewohner – hat sich die Altstadt kaum verändert. Die Aufnahme vom März 2007 zeigt im Hintergrund den frisch verschneiten Ütliberg, den Hausberg der Zürcher, sowie vier große Kirchen mit ihren Türmen. Die Predigerkirche vorne in der Mitte, erbaut 1231, ist heute jedoch mehr eine Kirche für die ganze Stadt, denn eine traditionelle Gemeindekirche: Sie ist tagsüber durchgehend geöffnet und versteht sich als offener Raum der Ruhe und Andacht in der Rastlosigkeit der Stadt. Das Grossmünster, hinten links, ist eines der Wahrzeichen Zürichs, ebenso die ehemalige Klosterkirche Fraumünster. Nicht zu vergessen die älteste Pfarrkirche, die St. Peter-Kirche, hinten rechts, die bereits 857 erstmals urkundlich erwähnt wurde.

Une grande ville moderne et ses églises Malgré un nombre croissant d'habitants, la vieille ville a conservé tout son caractère. Predigerkirche, Grossmünster, Klosterkirche et St-Peter-Kirche sont les quatre grandes églises de la ville.

Una grande città moderna e le sue chiese Nonostante l'aumento degli abitanti, la zona vecchia di Zurigo non è cambiata molto. La foto del 2007 presenta sullo sfondo il monte Ütliberg innevato, la Predigerkirche davanti al centro, il Großmunster dietro sulla sinistra, e la St. Peter-Kirche sulla destra.

Luzern – Kapellbrücke
Nach 650 Jahren Zerstörung und Wiederaufbau

17. August 1993 Die 1333 erbaute Kapellbrücke, deren Name auf die benachbarte St.-Peters-Kapelle zurückgeht, ist die älteste Holzbrücke Europas. Durch einen Brand in der Nacht vom 17. zum 18. August 1993 wurde die Brücke fast gänzlich zerstört. Man geht davon aus, dass eine weggeworfene Zigarette das Feuer verursacht hatte. Trotz des ununterbrochenen Einsatzes der Löschfahrzeuge konnte bis auf die beiden Brückenköpfe und den Wasserturm nahezu nichts mehr gerettet werden. Kaum ein anderer Vorfall in der Innerschweiz hat die Öffentlichkeit derart bewegt wie der Brand dieses Schweizer Monuments und Wahrzeichens. Mit dem Bauwerk wurde gleichzeitig ein Teil Schweizer Geschichte zerstört: Von den 111 dreieckigen Gemälden im Giebel der Brücke, die wichtige Szenen der Schweizer Geschichte darstellten, fielen 78 dem Feuer zum Opfer.

Lucerne – Le pont de la Chapelle
17 août 1993 Ce pont fortifié en bois, datant de 1333, est le plus vieux d'Europe. Il a été presque entièrement détruit par un incendie, dans la nuit du 17 au 18 août 1993. Seuls les têtes de pont, la tour de l'Eau et trente-trois de ses cent onze tableaux ont pu être sauvés des flammes.

Lucerna – Kapellbrüche
17 Agosto 1993 Il Kapellbrücke fu costruito nel 1333 ed è il più antico ponte di legno d'Europa. Fu distrutto nel 1993 da un incendio, durante il quale andarono perduti 78 dei 111 dipinti presenti sul parapetto del ponte. La distruzione di questo simbolo della Svizzera fu un avvenimento che scosse profondamente la popolazione.

Nach dem Wiederaufbau Die „neue" Kapellbrücke wurde am 14. April 1994 eingeweiht und erneut für Fußgänger zugänglich gemacht. Innerhalb von acht Monaten wurde der zerstörte Teil der Brücke wiederaufgebaut und die beschädigten Teile restauriert, darunter auch die Überreste von 47 Bildern, die auf der Brücke geborgen werden konnten. Als Ersatz für die verbrannten Exponate wurden im Mittelteil der Brücke 25 ausgelagerte Giebelgemälde angebracht, die den Werdegang des Heiligen Mauritius als Schutzpatron der Schweiz darstellen. An den beiden äußeren Nahtstellen zwischen dem originalen und dem rekonstruierten Brückenteil erinnern noch heute schwarz verkohlte Überreste der Originalbilder an den Brand.

Après sa reconstruction Le nouveau pont a été inauguré en 1994 après huit mois de travaux et la restauration de quarante-sept tableaux triangulaires récupérés dans les décombres. Des scènes de la vie de saint Maurice remplacent celles qui ont été détruites.

Dopo la ricostruzione Il "nuovo" Kapellbrücke fu ricostruito nel 1994, dopo otto mesi dalla sua distruzione. Furono recuperati anche i resti di 47 dipinti, e ne vennero esposti 25 nuovi, in sostituzione di quelli mancanti. Tra il vecchio ed il nuovo ponte, vi sono ancora oggi frammenti carbonizzati dei vecchi dipinti.

Bern – Kramgasse mit Zeitglockenturm
Vom Wehrturm zum Wahrzeichen

Um 1925 Der Zeitglockenturm in der Kramgasse war im frühen Mittelalter als Westtor der Stadtmauer Teil der Befestigungsanlage Berns. Schon bald verlor er seine Funktion als Wehrturm und wurde als Gefängnis genutzt. Nach dem großen Brand des Jahres 1405, der fast ganz Bern vernichtete, wurde er als Uhrturm neu errichtet. Seinen neuen Namen „Zytglogge" verdankt er der Glocke mit ihrem Uhrwerk. In der wiederaufgebauten Stadt befand sich der Turm nicht mehr am Rand, sondern in der Stadtmitte und ist seitdem viel mehr als nur eine öffentliche Uhr: Er ist Symbol einer neuen Epoche der Stadt.

Berne – La Kramgasse et la tour de l'Horloge
Vers 1925 Au Moyen Âge, la tour de l'Horloge marquait la porte ouest du mur d'enceinte de la ville. Elle a servi ensuite de prison et, après le grand incendie de 1405 qui détruisit presque toute la ville, elle a été reconstruite et sertie d'une horloge.

Berna – Kramgasse e la Zeitglockenturm
Attorno al 1925 La Zeitglockenturm fu costruita all'inizio del Medioevo, come porta occidentale delle mura cittadine. Venne utilizzata come prigione e, dopo l'incendio che distrusse quasi completamente Berna, come torre dell'orologio. Essa si trova ora nel centro della città.

Der Turm als Wahrzeichen Die Berner Kramgasse mit ihren geschmückten Fassaden und Laubengängen gilt heute als der schönste Straßenzug der Stadt. Im Hintergrund ragt der Zeitglockenturm auf, der zu den wichtigsten Sehenswürdigkeiten Berns zählt. Das Wahrzeichen der Stadt, mitten in der Altstadt gelegen, zieht mit seiner kunstvoll astronomischen Kalenderuhr aus dem 16. Jahrhundert und dem Glockenspiel, das sich alle vier Minuten vor der vollen Stunde in Bewegung setzt, Tag für Tag eine große Anzahl von Besuchern an.

L'emblème de la ville La tour de l'Horloge, avec son cadran astronomique du XVIe siècle et son carillon, est l'un des monuments les plus importants de Berne qui attire tous les jours de nombreux touristes en sonnant quatre minutes avant l'heure pleine.

La torre come simbolo La Kramgasse, con le sue facciate addobbate e i suoi portici, è oggi la più bella strada della città. Sullo sfondo, svetta la Zeitglockenturm, che, con il suo orologio astronomico del 16imo secolo e le campane che suonano ad ogni ora, attira una gran quantità di visitatori ogni giorno.

Chur
Eine Kleinstadt entwickelt sich zu einer modernen Alpenstadt

Um 1840 Wie der Stahlstich zeigt, war Chur Mitte des 19. Jahrhunderts noch
ein beschaulicher Ort mit rund 5000 Einwohnern. Im Hintergrund ist zwischen
dem Postplatz, dem barocken Bischöflichen Hof aus den Jahren 1732/33 und
der Regulakirche die heutige Altstadt zu sehen. Dahinter ragt der Pizoggel auf.
Um in die Stadt zu kommen, mussten die Bewohner einen langen Weg auf der
„Deutschen Straße" auf sich nehmen, die direkt zum Untertor führte. Doch die
Beschaulichkeit der Kleinstadt währte nicht lange; Ende des 19. Jahrhunderts
begann der Aufstieg von Chur.

Coire
Vers 1840 Comme la gravure le montre, Coire n'était encore, au XIXe siècle,
qu'une toute petite ville de 5000 habitants. La vieille ville actuelle se situe
entre la place de la Poste et l'église Sainte-Régula. La ville a véritablement pris
son essor au XIXe siècle.

Coira
Attorno al 1840 Come mostra l'immagine, Coira era un pacifico paese di
circa 5000 abitanti a metà del 19imo secolo. Sullo sfondo, tra la stazione di
posta, la sede del vescovo e la chiesa di Santa Regula si nota la città vecchia.
Per giungere a Coira, si deve percorrere un lungo tragitto sulla "Deutsche
Straße". Lo sviluppo della città cominciò alla fine del 19imo secolo.

Chur – die Alpenstadt Mit rund 35 000 Einwohnern hat das moderne Chur rund siebenmal mehr Einwohner als im Jahr 1840. Von der Altstadt ausgehend hat sich die Stadt in alle Richtungen des Rheintals ausgedehnt. Chur ist nicht nur die älteste Stadt der Schweiz, sie ist auch die Hauptstadt des größten Schweizer Kantons Graubünden. Das ehemals kleine, von Landwirtschaft und Durchgangsverkehr geprägte Zunftstädtchen hat sich in den letzten Jahrzehnten zu einer modernen Verwaltungsstadt gewandelt, in der sich zahlreiche städtische und kantonale sowie kulturelle Institutionen angesiedelt haben. Heute trägt Chur den treffenden Beinamen „Alpenstadt": Eingebettet in das Rheintal ist Chur von zahlreichen Wäldern und Bergen umgeben.

Coire – La ville alpine Avec 35 000 habitants, elle est aujourd'hui sept fois plus importante qu'en 1840. La ville s'est étendue vers la vallée du Rhin. Coire n'est pas seulement la plus ancienne ville suisse, elle est également la capitale des Grisons.

Coira – La città sulle Alpi A partire dalla città vecchia, Coira si è ampliata in ogni direzione della valle del Reno ed ora non è più un piccolo centro ma una cittadina dal forte sviluppo agricolo e dall'importante ruolo commerciale, nella quale si sono insediate numerose istituzioni cittadine, cantonali e culturali.

Davos
Vom Luft- und Wintersportort zum internationalen Kongresszentrum

ᴶ5603 **Davos - Eisbahn**

Um 1900 Nachdem man im 19. Jahrhundert die besondere Heilkraft der Hochgebirgsluft entdeckt hatte, entwickelte sich Davos, das seit 1889 mit der Rhätischen Bahn bequem zu erreichen war, zu einem Luftkurort vor allem für Lungenkranke. In den folgenden Jahren wandelte sich der Ort, der um 1900 etwas über 8000 Einwohner zählte, zu einem international bekannten Kur- und Ferienort, in dem – neben den zahlreichen Sanatorien und Kuranlagen – zunehmend Hotels gebaut wurden. Seit Beginn des Tourismus bot Davos, im Hochtal des Kantons Graubünden gelegen, hervorragende Wintersportmöglichkeiten: 1883 startete auf der Davoser Schatzalp das erste Rodelrennen, 1906 fanden hier die ersten Weltmeisterschaften im Eislaufen der Frauen statt. Literarischen Ruhm verdankt der Ort dem Schriftsteller und Literaturnobelpreisträger Thomas Mann (1875–1955), der in seinem Roman „Der Zauberberg" (1924) dem Leben in einem Davoser Lungensanatorium ein Denkmal setzte. Nach 1933 trafen sich in Davos zahlreiche prominente Flüchtlinge und politisch Verfolgte aus Deutschland wie zum Beispiel der Maler Ernst Ludwig Kirchner (1880–1938).

Davos
Vers 1900 Située dans le canton des Grisons, Davos devient, dès le XIXᵉ siècle, un important lieu de cure où de nombreux sanatoriums accueillent des malades atteints de tuberculose. C'est aussi une station de sports d'hiver dans laquelle se déroulent des compétitions sportives.

Davos
Attorno al 1900 Dopo la scoperta delle proprietà terapeutiche dell'aria di montagna nel 19imo secolo, Davos si sviluppò come centro di cura soprattutto di malattie polmonari. Successivamente si trasformò in un centro di cura e di vacanze. Con la crescita del turismo, Davos sviluppò eccezionali attività di sport invernali.

Wintersport und internationale Politik Davos ist flächenmäßig seit 2009, nach der Zusammenlegung mit der Gemeinde Wiesen, mit 284 Quadratkilometern die größte Gemeinde der Schweiz. Auf einer Höhe von 1560 Metern über dem Meeresspiegel gelegen ist es zugleich die höchstgelegene Stadt in Europa. Aufgrund der stetig steigenden Touristenzahlen erlebte Davos in den letzten Jahren einen stürmischen Bauboom. Im Jahr 2000 zählte man über 19 Bergbahnen, 17 Skilifte, mehrere Eisenbahnlinien und Bäder, eine Eisporthalle und zahlreiche Sportplätze sowie Langlauf- und Skischulen. Die Einwohnerzahl stieg auf mehr als 11 000 an. Davos ist heute nicht nur als Wintersportort, sondern auch als internationaler Kongressort bekannt. Jedes Jahr findet Ende Januar im Kongresszentrum die Jahrestagung des Weltwirtschaftsforums (WEF) statt, wo sich die einflussreichsten Wirtschaftsführer, Politiker und Persönlichkeiten aus aller Welt beraten.

Ski et politique internationale La fusion de Davos avec Wiesen, effective en 2009, en fera la commune la plus étendue de Suisse. Si Davos est une station de ski réputée, elle est aussi la ville qui reçoit chaque année le Forum économique mondial.

Sport invernali e politica internazionale Il crescente turismo ha dato origine ad un boom edilizio incentrato sugli sport invernali. Oltre a ciò, Davos è anche un centro congressi: ogni anno vi si tiene la seduta annuale del Forum dell'Economia Mondiale, alla quale prendono parte imprenditori, politici e personalità di tutto il mondo.

St. Moritz – Stadtpanorama
Vom kleinen Dorf zum Kurort des Jetsets

Um 1905 St. Moritz im Kanton Graubünden war bis 1880 ein kleines Dorf mit rund 390 Einwohnern. Bereits im Mittelalter war der 1856 Meter über dem Meeresspiegel gelegene Ort für seine gute Luft und zahlreichen Heilquellen berühmt. Das erste Hotel, mit dem der Aufstieg des Dorfes zu dem heute weltberühmten Kur- und Ferienort begann, wurde jedoch erst 1856 gebaut. Viele weitere Hotelbauten folgten und damit etablierte sich auch der Status von St. Moritz als Wintersportort, der zu seinem weltweiten Bekanntheitsgrad beigetragen hat.

Saint-Moritz – Panorama de la ville

Vers 1905 Saint-Moritz, dans le canton des Grisons, était en 1880 un petit village de 390 habitants. Situé à 1856 mètres d'altitude, son air et ses sources thermales en ont fait un lieu de cure et de villégiature connu du monde entier.

St. Moritz – Panorama della città

1905 ca. St. Moritz era un paese di soli 360 abitanti nel 1880. Già nel Medioevo veniva apprezzata per la sua aria buona e le sue numerose sorgenti naturali. Il primo Hotel venne costruito nel 1856, al quale ne seguirono molti altri, rendendo St. Moritz un luogo di cura e di turismo conosciuto in tutto il mondo.

Top of the World Mit durchschnittlich 250 000 Gästen pro Jahr ist St. Moritz heute einer der bekanntesten Ferienorte der Welt; jedoch nur rund 5600 Einwohner leben dauerhaft in St. Moritz. Der Name St. Moritz bezeichnet nicht nur die Ortschaft; seit 1987 ist der Ortsname mit dem Zusatz „Top of the World" eine patentierte und geschützte Marke, die für Luxus steht. St. Moritz war und ist nach wie vor Treffpunkt des internationalen Jetsets. Viele Prominente, darunter Brigitte Bardot (* 1934) und Alfred Hitchcock (1899–1980), zählten zu den St. Moritzer Stammgästen. Entsprechend gehoben sind auch die Hotelkategorien der rund 40 Hotels vor Ort: Über die Hälfte der 5700 Betten stehen in Häusern der 4- und 5-Sterne-Kategorie.

Top of the World Avec 250 000 visiteurs par an, dont des personnes fortunées et des célébrités internationales, Saint-Moritz est l'un des lieux de vacances les plus célèbres au monde. La mention *Top of the World* en fait sa marque de distinction.

Top of the world Con mediamente 250 000 turisti all'anno, St. Moritz è una delle mete turistiche più conosciute al mondo. Dal 1987, al suo nome si è aggiunta la dicitura "Top of the World", un marchio protetto che dà prestigio alla località. Molti personaggi celebri, come Brigitte Bardot o Alfred Hitchcock, erano turisti abituali.

Genf – Panorama der Stadt
Bis heute unverändert – das Wahrzeichen aus Wasser und Licht

1935 Die Aufnahme zeigt den Genfer Stadtteil Cité mit dem Wahrzeichen der Stadt, dem Jet d'eau. Jet d´eau heißt wörtlich übersetzt Wasserstrahl, und so wird die bis zu 140 Meter hohe künstliche Wasserfontäne im Genfer See genannt. Sie entstand 1885 zufällig beim Bau einer Druckwasserleitung in der Genfer Bucht. Als ein Überdruckventil eingebaut werden musste, schoss plötzlich eine Fontäne aus dem See. Das Wasserschauspiel beeindruckte die Stadtverwaltung so sehr, dass sie 1891 den Wasserdruck erhöhen und die Fontäne beleuchten ließ. Um ihren Gästen einen direkten Blick auf das Wahrzeichen zu bieten, siedelten sich in den folgenden Jahren viele große Hotels und Restaurants am rechten Seeufer an.

Genève – Panorama de la ville
1935 La photo montre le quartier Cité-Centre avec l'emblème de la ville que constitue le célèbre jet d'eau. Apparu du fait du hasard, en 1885, lors de la construction d'une vanne de sécurité, il mesure aujourd'hui 140 mètres de haut et il est illuminé la nuit.

Ginevra – Panorama della città
1935 Lo scorcio mostra la parte della "Cité" di Ginevra con il simbolo della città, il "Jet d'eau", l'artistica fontana di 140 mt comparsa accidentalmente durante la costruzione di alcune tubature nella baia nel 1885. Nel 1891 l'amministrazione cittadina aumentò il getto d'acqua e tenne costantemente illuminata la fontana.

Symbol der Stadt Die Wasserfontäne ist über die Jahrzehnte zu einem Erkennungsmerkmal geworden. Während Genf sich über die Jahre kontinuierlich weiterentwickelte, blieb sie unverändert. Die französischsprachige Stadt, die in der Bucht am Genfer See zwischen den Ausläufern der Alpen und dem Juragebirge liegt, gilt heute als die internationalste Stadt der Schweiz. Ende 2007 verzeichnete sie rund 185 000 Einwohner, von denen knapp die Hälfte aus dem Ausland kommt. Kein Wunder, schließlich haben rund 150 internationale Organisationen wie etwa die UNO oder das Internationale Rote Kreuz ihren Sitz in Genf.

Emblème de la ville Depuis des décennies, le jet d'eau de Genève est devenu l'emblème de cette ville qui ne cesse de se développer. Située à l'extrémité du lac Léman, elle est considérée comme la ville la plus internationale de Suisse.

Simbolo della città La fontana è diventata un tratto distintivo della città, considerata la più internazionale della Svizzera. A questo proposito, non c'è da stupirsi se organizzazioni come l'ONU o la Croce Rossa Internazionale hanno sede a Ginevra. La città conta 185 000 abitanti, metà dei quali stranieri.

Genf – Quai du Mont-Blanc
Eine Uferpromenade bewahrt ihren Charakter

Um 1890 Der Quai du Mont-Blanc mit Blick auf die historische Altstadt ist die bekannteste Genfer Uferpromenade. Im Vordergrund der kolorierten Fotografie ist das Mausoleum Brunswick zu sehen, von dort aus geht der Blick auf die im Hintergrund liegende Altstadt. Überragt wird diese von der Cathédrale de Saint-Pierre. Hinter den Altstadtmauern verbergen sich zahlreiche weitere Sehenswürdigkeiten, zum Beispiel die Maison Tavel, die Place Neuve mit dem Grand Théatre und das Conservatoire de Musique sowie zahlreiche Museen. Auch eine traurige Begebenheit hat sich am Quai du Mont-Blanc zugetragen: Am 10. September 1898 wurde an einem Steg des Quais das Attentat auf die österreichische Kaiserin Elisabeth (1837–1898) verübt, an dessen Folgen sie kurz darauf verstarb.

Genève – Le quai du Mont-Blanc
Vers 1890 Le quai du Mont-Blanc, avec sa vue sur la vieille ville historique et le monument Brunswick, constitue la célèbre promenade le long du lac Léman. À visiter dans la vieille ville : la cathédrale Saint-Pierre, la maison Tavel, la place Neuve, etc.

Ginevra – Quai du Mont-Blanc
Attorno al 1840 Il Quai du Mont-Blanc è la più famosa passeggiata lungo la riva del lago di Ginevra, dalla quale si può ammirare lo spettacolo presentato dalla vista sulla città vecchia e le sue bellezze. Si racconta inoltre che nel 1898 sulla passeggiata si attentò alla vita dell'imperatrice d'Austria Elisabetta.

Quai du Mont-Blanc heute Die elegante Genfer Uferpromenade, die sich zu einer Flanier- und Shoppingmeile entwickelt hat, ist zu einem beliebter Anziehungspunkt für Touristen geworden. Während die Bepflanzung in den letzten Jahren üppiger geworden ist, hat sich die Bebauung entlang der Promenade seit der Wende vom 19. zum 20. Jahrhundert kaum verändert: Das Mausoleum Brunswick, in dem sich das Grab des Herzogs Karl II. von Braunschweig (1804–1873) befindet, blieb unverändert erhalten. Auch der Blick auf die malerische Altstadt ist idyllisch wie eh und je.

Quai du Mont-Blanc L'élégante promenade genevoise avec ses commerces est un point d'attraction pour les touristes. Les bâtiments qui longent le quai n'ont presque pas changé depuis la fin du XIXe siècle. La vue sur la vieille ville est caractéristique.

Quai du Mont-Blanc oggi L'elegante passeggiata è oggi una delle attrazioni turistiche principali. Le piante negli ultimi anni sono cresciute, ma le architetture lungo la passeggiata sono rimaste quasi invariate tra il 19imo ed il 20imo secolo. Anche il mausoleo Brunswick è rimasto inalterato.

Genf – Pont du Mont-Blanc
Von der Ausflugsbrücke zum zentralen Verkehrsknotenpunkt

Um 1890 Die 1862 errichtete Pont du Mont-Blanc, die sich am Ausgang des Genfer Sees befindet, ist die älteste der acht Genfer Rhône-Brücken. Schon bald nach ihrer Fertigstellung stellte sich jedoch heraus, dass die 250 Meter lange Brücke mangelhaft gebaut war und der Belastung des Verkehrs kaum standhalten konnte. Die schlechte Bausubstanz und die Elektrifizierung der Straßenbahn machten im Jahr 1900 eine Ausschreibung zur Erneuerung der Brücke nötig. Man entschied sich für eine Betonkonstruktion, mit der die bestehende Brücke erweitert werden sollte. Die Umbauarbeiten begannen am 5. Januar 1903 und konnten ohne Unterbrechung des Verkehrs durchgeführt werden. Die Brücke wurde um zwei Meter verlängert und um eine zweispurige Tramstrecke in der Mitte der Fahrbahn ergänzt. Schon am 31. Oktober 1903 wurde die Brücke wieder vollständig für den Verkehr freigegeben.

Genève – Le pont du Mont-Blanc
Vers 1890 Construit en 1862 et long de 250 mètres, le pont du Mont-Blanc est le plus ancien des ponts sur le Rhône. La mauvaise qualité de ses matériaux et l'électrification du tramway ont rendu nécessaire sa rénovation complète et son élargissement, en 1903.

Ginevra – Pont du Mont-Blanc
Attorno al 1890 Il ponte venne costruito nel 1863 ed è il più antico degli 8 ponti di Ginevra. Nonostante la lunghezza di 250 mt, il ponte fu insufficiente a sostenere il forte traffico. Nel 1900, quindi, si decise di ristrutturarlo e nel 1903 vennero cominciati i lavori, terminati ad Ottobre dello stesso anno.

Zentraler Verkehrsknotenpunkt 2007 zeigt sich die Brücke mit den Flaggen der Schweizer Kantone geschmückt. Wo einst die Pferdekutschen fuhren und Spaziergänger flanierten, um den idyllischen Ausblick auf die flussabwärts gelegene Ile de Rousseau zu genießen, rollt heute mehrspurig der Verkehr. Für Fußgänger und Fahrradfahrer gibt es auf der Brücke separate Wege. Die Pont du Mont-Blanc ist ein beliebter Ausgangspunkt für einen Bummel durch die Altstadt, die oberhalb des rechten Rhôneufers liegt. Aber auch ein von hier ausgehender Spaziergang über die auf der linken Uferseite liegende Promenade du Lac, die für ihre Parkanlagen und Gärten bekannt ist, lohnt sich.

Axe routier central En 2007, vue sur le pont décoré avec les drapeaux des cantons suisses. La circulation automobile s'effectue sur plusieurs voies, tandis que piétons et cyclistes disposent de voies séparées. C'est un lieu de promenade très apprécié.

Snodo centrale del traffico Nel 2007 il ponte viene addobbato dalle bandiere dei cantoni. Dove prima si muovevano uomini e cavalli, ora si districa il traffico ginevrino. Per pedoni e ciclisti ci sono corsie apposite: ancora oggi il ponte è un luogo molto apprezzato dai visitatori per passeggiare.

Rabiate Tradition Die Umrissradierung von 1820 zeigt die traditionelle Schweizer Sportart des Schwingens. Diese Form des Ringersports ist neben Unspunnen-Steinstoßen, Trachtentanz, Fahnenschwingen und Jodeln eine Disziplin des Unspunnenfestes, das zum ersten Mal am 17. August 1805 bei der Ruine Unspunnen nahe Interlaken stattfand.

Une tradition violente Cette gravure de 1820 montre ce sport traditionnel qu'est la lutte suisse. Comme le jet de pierre, la danse, la lutte suisse ou le yodel, cette forme de combat font partie des disciplines de la fête d'Unspunnen.

Tradizione rude Questa illustrazione del 1820 mostra la tradizionale disciplina sportiva della lotta svizzera, che insieme al lancio della pietra di Unspunnen e ad altri giochi tradizionali fa parte delle discipline della festa di Unspunnen, la quale si tenne per la prima volta il 17 Agosto 1805.

Tradition
und Moderne

Lebendiges Brauchtum Die Schweiz setzt sich aus den unterschiedlichsten Kulturen zusammen und dennoch – oder gerade deshalb – werden hier Tradition und Brauchtum noch groß geschrieben: Vielerorts kümmern sich Vereine um die Erhaltung und Fortführung von Dialekten und solchen Bräuchen wie die Sportarten Hornussen und Schwingen. Über die Landesgrenzen hinaus ist die Schweiz natürlich vor allem für ihre traditionellen Erzeugnisse wie Uhren, Schokolade und Käse bekannt und beliebt.

Des traditions vivantes Bien que la Suisse soit composée de cultures extrêmement différentes, les traditions et la conservation des dialectes, tout comme la pratique de certaines disciplines sportives telle la lutte suisse y jouent un rôle très important.

Usanze ancora vive La Svizzera riunisce differenti culture, e tuttavia, o perciò, nella nazione sono ancora forti tradizioni ed usanze. Istituzioni si curano del mantenimento di dialetti e giochi tradizionali. All'estero, la Svizzera è conosciuta per i suoi prodotti tradizionali, come orologi, cioccolato e formaggi.

Zürich – Konditorei Sprüngli
Von Anfang an ein Inbegriff für feinste Confiserie

Um 1900 Die Schweiz ist für ihre Schokolade weltberühmt. Eine der bekanntesten Confiserien ist die Konditorei Sprüngli in Zürich. 1836 erwarb David Sprüngli (1776–1862) die Zuckerbäckerei Vogel an der Marktgasse und legte damit den Grundstein für den heutigen Schweizer Familienbetrieb. Die Confiserie Sprüngli, die 1859 am Zürcher Paradeplatz ihre Türen öffnete, avancierte schnell zum beliebten Treffpunkt. Vor allem die Frauen des Bürgertums trafen sich dort, um nach einem ausgedehnten Einkauf zu plauschen, Kaffee zu trinken und die feinen Naschereien zu genießen. Für die stetig wachsende Kundschaft wurde das Geschäftshaus am Paradeplatz, wo auch die Produktion untergebracht war, schnell zu eng. 1909/10 war ein erster Umbau nötig, gefolgt von einem Totalumbau im Jahr 1931.

Zurich – La confiserie Sprüngli
Vers 1900 La Suisse est connue dans le monde entier pour ses chocolats. À Zurich, la confiserie Sprüngli est l'une des plus connues. Fondée en 1720, elle a ouvert ses portes pour la première fois, en 1859, sur la Paradeplatz de Zurich. Elle n'a cessé de se développer depuis.

Zurigo – Pasticceria Sprüngli
Attorno al 1900 Nel 1720, David Sprüngli acquistò la pasticceria Vogel; e successivamente nel 1859 aprì nella Paradeplatz la pasticceria Sprüngli, che in breve divenne un punto d'incontro soprattutto per le donne borghesi. Nel 1909/1910 la pasticceria venne ampliata; la ristrutturazione terminò nel 1931.

Luxemburgerli, Pralinés und Truffles Bis heute ist die Confiserie Sprüngli am Paradeplatz eines der florierendsten Geschäfte in Zürich. Hier gibt es nicht nur eine Vielfalt edelster Leckereien zu kaufen. Man kann draußen auf der Terrasse, drinnen an der Bar oder im zweiten Stock Kaffee trinken und dazu die Spezialitäten des Hauses genießen. Das weltweit bekannteste Produkt von Sprüngli sind farbige, mit Schaum gefüllte Makrönchen, Luxemburgerli genannt. Richard Sprüngli (* 1916) hat dieses locker-leichte Gebäck bei einer befreundeten Familie in Luxemburg entdeckt und erstmals im Jahr 1958 für die Firma Sprüngli hergestellt. Seitdem sind die Luxemburgerli mit der Marke Sprüngli untrennbar verbunden. Noch immer werden sie in aufwendiger Handarbeit hergestellt. Das traditionsreiche Familienunternehmen Sprüngli wird heute in sechster Generation geführt. Neben dem Stammhaus am Paradeplatz in Zürich gibt es derzeit 17 weitere Geschäfte in und um Zürich sowie in Zug und in Basel.

Luxemburgerli, pralines et truffes Paradeplatz, à Zurich, la confiserie Sprüngli est l'un des commerces les plus florissants. Les passants y dégustent des spécialités comme les Luxemburgerli, un petit macaron, accompagnées d'une tasse de café.

Luxemburgerli, praline e tartufi La pasticceria Sprüngli è la più fiorente attività commerciale di Zurigo. Il prodotto più conosciuto sono i Luxemburgerli: scoperti da Richard Sprüngli presso una famiglia di Lussemburgo, sono realizzati da sempre con un grande lavoro artigianale. L'azienda Sprüngli è giunta ora alla sesta generazione.

Zürich – Sechseläuten
Stadtfrühlingsfest wird zum TV-Ereignis

1930er-Jahre Das Zürcher Frühlingsfest Sechseläuten, auf Zürichdeutsch „Sächsilüüte", besitzt eine lange Tradition, denn die Anfänge dieses Festes, bei dem die Zürcher den Winter austreiben und den Frühling begrüßen, werden bereits auf das Jahr 1818 datiert. Seit 1866 werden beim Sechseläuten zugleich die Zünfte in ihrer Rolle als Traditionsvereine gefeiert. Die Aufnahme aus den 1930er-Jahren zeigt die Parade des traditionellen Sechseläutenumzugs, bei dem der „Böögg", ein künstlicher Schneemann, auf einem Wagen durch die Zürcher Innenstadt gezogen wird. In farbenfrohen Kostümen und Trachten ziehen die Zünfter, Reiter und Musikkorps am Sechseläuten-Montag über die Bahnhofstraße und den Limmatquai zum Sechseläutenplatz, wo der „Böögg" als Symbol des Winters auf einem Scheiterhaufen verbrannt wird.

Zurich – Sechseläuten, les sonnailles de six
Décennie 1930 La fête traditionnelle zurichoise du printemps existe depuis 1818. Elle célèbre la fin de l'hiver et l'arrivée du printemps et voit se succéder plusieurs parades au cours desquelles le Böögg, le bonhomme hiver, est promené dans la ville.

Zurigo – Sechseläuten
Anni Trenta La festa di Primavera di Zurigo ha una lunga tradizione: esiste dal 1866. Questa foto degli anni Trenta mostra il corteo tradizionale che trasporta per le vie di Zurigo il "Böögg", un artistico pupazzo di neve, il quale, come simbolo dell'inverno, viene poi bruciato.

Wie wird der Sommer? Das Sechseläuten findet heute meistens am dritten Aprilwochenende statt. Der Zug zum Feuer mit der späteren Verbrennung des „Bööggs" ist heute ein Großereignis, das jedes Jahr Tausende Besucher nach Zürich lockt und im Fernsehen übertragen wird. Punkt 18 Uhr wird der „Böögg" auf einem Scheiterhaufen verbrannt. Während die Flammen lodern, reiten die Zunftmitglieder in der Umzugsreihenfolge dreimal um die Puppe. Dabei gilt: Je schneller der mit Feuerwerkskörpern gefüllte Kopf des Schneemanns explodiert, desto schöner wird der Sommer. Beim Sechseläuten im Jahr 2004, von dem die Aufnahme stammt, dauerte es elf Minuten und 42 Sekunden, bis der Kopf fiel. Nach dem offiziellen Fest wird am Sechseläutenplatz mit einer Grillparty bis in die frühen Morgenstunden gefeiert.

Comment sera l'été ? La fête du Sechseläuten a généralement lieu au cours du troisième week-end d'avril. Pour clôturer l'événement, le Böögg est brûlé sur un bûcher : plus vite les pétards contenus dans sa tête éclatent, plus beau sera l'été.

Come sarà l'estate? Il Sechseläuten si festeggia oggi la terza settimana di Aprile: è un avvenimento che attrae migliaia di turisti, oltre ad essere trasmesso in televisione. Mentre il „Böögg" brucia, il capo della processione cavalca tre volte attorno ad esso: più velocemente la testa del pupazzo esplode per i petardi, migliore sarà l'estate.

Zürich – Knabenschießen
Aus Pflichtübung wird Volksbelustigung

September 1948 Das Knabenschießen in Zürich, bei dem jedes Jahr rund 5000 Jugendliche im Alter von 13 bis 17 Jahren ihre Schießkünste unter Beweis stellen, lässt sich bis ins 17. Jahrhundert zurückverfolgen. Damals mussten die Knaben Schießübungen an den Zürcher Schulen bestreiten, die in einem anschließenden Wettbewerb bewertet wurden. Seit 1898 wird das Knabenschießen von der Schützengesellschaft der Stadt Zürich organisiert und meistens am zweiten Wochenende im September durchgeführt. Es findet in der Schießanlage Albisgütli statt, die sich zu diesem Anlass für ein paar Tage in einen großen Rummelplatz, den „Chilbi", verwandelt. Geschossen wird seit jeher mit leichtem Gewehr und unter Anleitung eines Erwachsenen. Seit 1991 sind auch Mädchen beim Knabenschießen zugelassen.

Zurich – Le tir des jeunes gens
Septembre 1948 Le tir des jeunes gens remonte au XVIIe siècle et réunit chaque année près de 5000 jeunes hommes, âgés de 13 à 17 ans, qui doivent faire la preuve de leur habileté au tir au fusil. Cette manifestation se déroule pendant le deuxième weekend de septembre.

Zurigo – Knabenschießen
Settembre 1948 Lo Knabenschießen a Zurigo è una ricorrenza che risale al 17imo secolo, quando i giovani di Zurigo (13–17 anni) dovevano esercitarsi a scuola nel tiro col fucile. Dal 1898 il Knabenschießen è tutelato dalla città di Zurigo, che organizza una competizione il secondo fine settimana di Settembre. E' permesso sparare soltanto sotto la supervisione di adulti.

Mit voller Konzentration bei der Sache Jedes Jahr nehmen junge Schützen und Schützinnen unter den Blicken Hunderttausender Besucher am Knabenschießen teil. Zur Schießprüfung gehört heute ein Volksfest. Noch heute dürfen nur Jugendliche, die aus dem Kanton Zürich stammen, hier wohnen, eine Schule besuchen oder eine Lehre absolvieren, daran teilnehmen. Geschossen wird traditionell im Liegen und mit einem Sturmgewehr 90. Jedes Programm darf nur einmal geschossen werden, Probeschüsse sind nicht erlaubt. Das Foto stammt vom 8. September 2007 und zeigt das 108. Zürcher Knabenschießen. Dabei gilt wie jedes Jahr: Wer am besten schießt, wird Schützenkönig und steht für einen Tag im Rampenlicht.

Concentration totale Chaque année, des milliers de jeunes tireurs et tireuses se réunissent en présence de nombreux spectateurs pour la compétition de tir. Il s'agit d'une fête populaire à laquelle seuls les jeunes du canton de Zurich participent.

In completa concentrazione sul bersaglio Ogni anno giovani tiratori e tiratrici prendono parte al Knabenschießen, diventato ormai una festa popolare. Per prendervi parte, è necessario addestrarsi in una scuola o con un insegnante. Ogni prova permette un solo tentativo. Il vincitore viene proclamato per un giorno "Re dei tiratori".

Schweizer Käse
Ein köstliches Grundnahrungsmittel mit langer Tradition

August 1947 Die Käseherstellung hat in der Schweiz eine jahrhundertealte Tradition. Bereits im Mittelalter wurde in Klöstern Käse produziert, wobei Mönche die Rezepturen sehr genau dokumentierten. Die bis heute bekannten Schweizer Käsesorten Greyerzer, Emmentaler und Appenzeller wurden um das Jahr 1100 erstmals urkundlich erwähnt. Die Schweizer Landschaft mit ihren Bergen und Almwiesen eignet sich besser für die Milchviehhaltung als für den Ackerbau. Deshalb entwickelte sich die Käseherstellung zu einem bedeutenden Wirtschaftszweig. Das Foto zeigt drei junge Käser, die während ihrer Meisterprüfung in Amsoldingen den in einem Tuch gesammelten Käsebruch an einer Seilwinde befestigen, um diesen aus dem „Käsekessi" abzuschöpfen.

Le fromage suisse
Août 1947 En Suisse, la fabrication du fromage est une tradition plusieurs fois centenaire. Dès le Moyen Âge, les monastères produisaient des fromages tels que le gruyère, l'emmental et l'appenzel, dont la recette était consignée par les moines.

Formaggio svizzero
Agosto 1947 La produzione di formaggio in Svizzera ha una tradizione centenaria, che risale fino al lontano Medioevo. Il territorio svizzero si presta meglio all'allevamento del bestiame che all'agricoltura e per questo motivo la produzione di formaggio è diventata un settore economico importante.

Nationalgericht Raclette Das Foto zeigt die mittlerweile hoch technisierte Produktion von Raclettekäse in der ehemaligen Swiss Dairy Food-Fabrik in Landquart. In der Schweiz werden allerlei Sorten Käse, von Frischkäse bis zum Extrahartkäse, hergestellt, und mittlerweile kennt die Schweizer Küche 450 Käsespezialitäten. Das Schweizer Nationalgericht Raclette ist bereits in Kloster-handschriften aus dem Mittelalter dokumentiert. Man kann also davon ausge-hen, dass schon der Schweizer Freiheitsheld Wilhelm Tell 1291, im Jahr des legendären Rütlischwurs, den „Bratchäs" genossen hat.

La raclette, plat national Dans une usine de la Swiss Dairy Food, à Land-quart, la production de la raclette est, actuellement, hautement technologique. La raclette est déjà mentionnée dans les écrits des monastères du Moyen Âge.

La Raclette, specialità nazionale In Svizzera viene prodotto ogni tipo di formaggio e la cucina svizzera ne annovera oltre 450 tipi nelle sue ricette. La Raclette è documentata già nei manoscritti dei monasteri; si può supporre che l'eroe svizzero Guglielmo Tell, nel 1291, già conoscesse il leggendario "Bratchäs".

1958 Von Hand verpacken und kontrollieren die Mitarbeiterinnen der Schokoladenfabrik Chocolat Tobler in Bern die Toblerone. Begonnen hatte alles im Jahr 1899, als Johann Jakob Tobler (1830–1905), genannt Jean, mit seinen Söhnen Emil und Theodor in Bern die Schokoladenfabrik Fabrique de Chocolat Berne, Tobler & Cie. eröffnete. Knapp zehn Jahre später, im Jahr 1908, kreierte Theodor Tobler (1876–1941) zusammen mit Emil Baumann (1883–1966), seinem Cousin und Produktionsleiter in der Firma, die Toblerone, eine Milchschokolade mit Honig, Mandeln und Nougat in einer dreieckigen Form. Der Name des Produktes ist eine Kombination aus Tobler und Torrone, der italienischen Bezeichnung für Honig-Mandel-Nougat. 1909 wurde Toblerone als Marke geschützt und trat ihren Erfolgszug um die Welt an.

Berne – Le chocolat Tobler

1958 Les employés de l'usine de chocolat Tobler, à Berne, fabriquent depuis 1899 le fameux Toblerone, chocolat au lait, triangulaire, comportant du miel, des amandes et du nougat, dont la marque, protégée depuis 1909, connaît toujours un grand succès.

Berna – Il cioccolato Tobler

1958 La fabbrica venne fondata nel 1900 da Jakob Tobler e i suoi figli Theodor ed Emil. Nel 1908 Theodor, insieme con Emil Baumann, crea il "Toblerone", un cioccolato al latte con miele, mandorle e nougat. Il nome è una combinazione di "Tobler" e "Torrone". Esso riscosse successo in tutto il mondo. e nel 1909 divenne marchio registrato.

100 Jahre Toblerone Im Jahr 2008 feierte die dreieckige Schokolade und „Lieblingschoggi" vieler Schweizer ihren 100. Geburtstag. Die Firma Kraft Foods, zu der Tobler seit 1990 gehört, hat zu diesem Anlass eine Wanderausstellung rund um die Toblerone veranstaltet, die ein Jahr lang an zahlreichen Orten gezeigt wird. Wie die Aufnahme zeigt, wird die Toblerone heute auf dem Fließband sortiert. Wie sonst könnte man mit dieser Spezialität die Schokoladenliebhaber in 110 Ländern erreichen? Um ihre dreieckige Form ranken sich bis heute viele Legenden. Üblicherweise wird die Toblerone mit dem Matterhorn in Verbindung gebracht. Theodor Toblers Söhnen zufolge stand jedoch kein Berg für die typische Form Pate. Der Einfall dazu soll den Schöpfern der Toblerone während einer Aufführung in dem Pariser Revuetheater „Folies-Bergères", bei der sich die Tänzerinnen zu einer Pyramide formierten, gekommen sein.

Toblerone a 100 ans En 2008, le chocolat préféré des Suisses, racheté par Kraft Foods, a fêté son centenaire. L'illustration représente le Toblerone sur la chaîne de triage. De nombreuses légendes existent qui illustrent sa forme triangulaire.

100 anni di Toblerone Nel 2008 il Toblerone ha festeggiato i 100 anni. Per l'occasione, la Kraft Foods ha organizzato una mostra itinerante di un anno. Sull'origine della forma triangolare del Toblerone, Theodor Tobler svela che l'idea gli venne assistendo ad un balletto a teatro, quando le ballerine si disposero in modo da formare una piramide.

Hornussen
Vom Berner Spielvergnügen zum Nationalsport der Schweizer

August 1958 Voller Stolz halten die Mannschaftmitglieder der 2. Stärkeklasse von Gerzensee-Kirchdorf, Bern, nach dem Sieg im Hornussen ihre Schindeln in die Höhe. Hornussen ist nicht nur ein Sport, der dem Schlagball ähnelt, vielmehr ist es auch ein Fest mit folkloristischen Auftritten und geselligem Beisammensein. Hornussen, das im 16. Jahrhundert in Bern entstand, ist ein Geschicklichkeitsspiel: Der „Nouss", eine rund sechs Zentimeter große und drei Zentimeter dicke Hartgummischeibe, wird von einem Lehmklumpen abgeschlagen. Nun gilt es, diesen mit dem „Träf", einer rund zwei Meter langen biegsamen Weidenrute mit Holzkopf, möglichst weit über das Spielfeld zu schlagen. Die „Abtuern", die im Feld aufgestellte gegnerische Mannschaft, müssen versuchen, mit den Holzschindeln den Nouss abzufangen.

Le hornuss
Août 1958 Après la victoire, les membres de l'équipe de Gerzensee-Kirchdorf lèvent leur palette vers le ciel, pleins de fierté. S'il est un sport de frappe de balle, le hornuss est aussi accompagné de tout un folklore festif.

L'Hornussen
Agosto 1958 L'Hornussen è un gioco con importanti elementi folkloristici e sociali. E' stato inventato nel 16imo secolo a Berna e consiste nel colpire il "Nous", un disco di gomma, con un'asta di vimini, il "Träf", e mandarlo il più lontano possibile sul campo da gioco, dove squadre avversarie di "Abtuern" dovranno colpirlo con le loro scandole.

Schweizer Exportartikel Das Hornussen ist heute ein Schweizer National-sport, der in mehreren Stärkeklassen ausgeübt wird und sich in eine National-liga A und B unterteilt. Im Gegensatz zu früher wird nun mit einheitlicher Mannschaftskleidung und Schutzhelm gehornusst. Der Schutz ist nötig, da der Puck beim Abschlag von der Rampe auf eine Geschwindigkeit von 300 Stun-denkilometern beschleunigt werden kann. Nicht nur die Bekleidung, auch die Geräte wurden modernisiert. Die Ruten bestehen heute aus Fiberglas oder Karbon, die Abschlagrampe ist aus Stahl. Schweizer Auswanderer haben das Hornussen bis nach Südafrika bekannt gemacht. Dort nennt man das Spiel „Swiss Golf".

Un article d'exportation suisse Le hornuss est devenu un sport national avec des compétitions dans plusieurs catégories et une ligue nationale. La tenue de l'équipe est uniforme et les protections sont obligatoires, car le palet peut atteindre 300 km/h.

Un articolo d'esportazione svizzero L'Hornussen è oggi uno sport nazionale svizzero ed è stato creato un torneo nazionale con serie A e B. A differenza del passato, vengono oggi usate protezioni e divise. Anche gli attrezzi sono stati modernizzati, ed oggi sono realizzati in fibra di vetro.

Klausenrennen
Bis heute berühmtestes Autorennen der Schweiz

1922 Das Klausenrennen, das zum ersten Mal am 27. August 1922 ausgetragen wurde, führte vom Dorf Linthal, Kanton Glarus, über den Klausenpass bis auf die Klausenpasshöhe im Kanton Uri. Lange bevor sich die Rennwagen auf die waghalsige Strecke von 21,5 Kilometern mit 136 Kurven wagten, bevölkerten Zehntausende Zuschauer den Pass. Sie waren bereits in der Nacht zuvor gekommen, um sich die besten Plätze entlang der schmalen Schotterpiste zu sichern. Bei dem ersten Rennen starteten 58 Autos, von denen bis auf acht alle ins Ziel kamen. Die Rennwagen, die an einzelnen Stellen Spitzengeschwindigkeiten von bis zu 200 Stundenkilometern erreichten, präsentierten bei diesem Rennen Motorsport par excellence.

La course du Klausen

1922 Le parcours de la course du Klausen, qui a eu lieu pour la première fois le 27 août 1922, part de Linthal, dans le canton de Glaris, passe par le col du Klausen, pour arriver au canton d'Uri. D'une longueur de 21,5 kilomètres, le parcours présente 136 virages.

La Klausenrennen

1922 La Klausenrennen fu disputata per la prima volta il 27 Agosto 1922. Molto prima che le macchine da corsa gareggino su questo impervio percorso di 21,5 km, con 136 curve, i passi attraverso cui esso si snoda si popolano di spettatori dalla notte prima.

Das Rennen geht weiter! Zwischen 1922 und 1934 versammelten sich jedes Jahr die besten Rennfahrer der Welt am Klausenpass, um das schwerste Bergrennen jener Zeit zu bestreiten. Danach fanden auf dieser Strecke zunächst keine weiteren Rennen statt. Am 25. Juli 1993 wurde die Tradition der Klausenrennen wieder aufgenommen und seitdem wird es mit Oldtimer-Rennwagen ausgetragen. Über 400 historische Renn- und Sportwagen, Motorräder und Threewheeler nahmen 1993 am Klausenrennen teil. Das erklärte Ziel der Rennfahrer war es, den Streckenrekord von 15:22 Minuten, den Rudolf Caracciola (1901–1959) im Jahr 1934 auf einem Mercedes-Silberpfeil W25 aufgestellt hatte, zu unterbieten. Doch das gelang keinem der Fahrer. Am 26. September 1998, dem Datum der Aufnahme, starteten beim Internationalen Klausenrennen Memorial erneut Oldtimer der Marken Alfa Romeo, Bugatti, Maserati, Mercedes, MG und viele weitere. Mehr als 25 000 Zuschauer erlebten vor Ort, wie diesmal der alte Streckenrekord nicht weniger als 22-mal gebrochen wurde.

La course continue Après une interruption entre 1934 et 1992, la tradition de la course du Klausen a été remise au goût du jour et, en 1993, plus de 400 voitures anciennes ont y participé. Le record de 15 minutes 22 secondes de 1934 a été battu 22 fois en 1998.

La corsa continua! Tra il 1922 e il 1934 i migliori piloti si incontravano ogni anno al Klausenpass per gareggiare lungo il percorso montano più impervio d'ogni tempo. Da allora non si tengono più gare ma nel 1998 sfilarono nel Memorial internazionale della Klausenrennen vecchi modelli di marchi famosi come Alfa Romeo e Bugatti.

Landsgemeinde
Ein Kernstück der Schweizer Demokratie

Landsgemeinde Trogen um 1930 Die Abstimmung in den Landsgemeinden, wie zum Beispiel in der zum Kanton Appenzell Ausserrhoden gehörenden Gemeinde Trogen, erfolgte auch in den 1930er-Jahren nach wie vor per Handzeichen. Ursprünglich gab es in vielen Schweizer Kantonen – neben Ob- und Nidwalden auch in Appenzell Ausserrhoden sowie in Zug, Schwyz, Uri – Landsgemeinden. In der Bürgerversammlung unter freiem Himmel wurden politische Entscheidungen diskutiert und entschieden. Die Landsgemeinde hatte gesetzgebende Gewalt und war oberste Exekutivbehörde. Jedem Bürger wurde Gesetzesinitiative eingeräumt. Alle Ausgaben wie beispielsweise Staatsanleihen oder Steuern mussten ab einer gewissen Höhe der Landsgemeinde zur Überprüfung und Absegnung vorgelegt werden. Mittels einer Urnenabstimmung wurde 1997 jedoch auch die Landsgemeinde von Trogen abgeschafft.

La Landsgemeinde de Trogen, vers 1930 Dans les années 1930, le scrutin continue à se faire à main levée dans cette commune, pour discuter et prendre des décisions politiques. La Landsgemeinde représente le pouvoir législatif et exécutif suprême.

Trogen attorno al 1930 La votazione nella Landsgemeinde, per esempio a Trogen, comune del Cantone Appenzello Esterno, veniva effetuata per alzata di mano. Le decisioni politiche venivano discusse in piazza durante le assemblee cittadine. Alla Landsgemeinde veniva sottoposta ogni iniziativa politica. Venne soppressa nel 1997.

19. Jahrhundert Obwohl mit der Helvetischen Revolution 1798, die das Ziel der Auflehnung gegen die Untertanenschaft und die Privilegien der Adligen in den aristokratisch beherrschten Kantonen verfolgte, die Voraussetzungen zur Einrichtung einer Einheitsrepublik mit einer einheitlichen Verfassung gegeben waren, fielen diese Bemühungen nicht überall auf fruchtbaren Boden. So wollten unter anderem auch die Nidwalder an ihrer alten Souveränität und damit auch am Abstimmungsmodus der Landsgemeinde festhalten. Die Landsgemeinde, bei der Gesetze und politische Entscheidungen durch die direkte Abstimmung der wahlberechtigten Bürger eines Kantons gefällt werden, gehört zu den ältesten und einfachsten Formen der Schweizer Demokratie. Infolge der Auseinandersetzung um die Ablehnung der unter dem Einfluss Frankreichs in Paris abgesegneten Einheitsverfassung kam es soweit, dass sich die Nidwalder am 9. September 1798 mit der französischen Armee eine aussichtslose Schlacht lieferten. Nach der Auflösung der Helvetischen Republik 1802 erhielt die Landsgemeinde ihre ursprüngliche Bedeutung zurück. 1996 wurde jedoch auch die Landsgemeinde Nidwalden per Urnenentscheid aufgelöst.

La Landsgemeinde, une institution de la démocratie suisse
XIXe siècle La Landsgemeinde est une assemblée de citoyens et de leurs représentants qui pratique le vote direct à main levée pour résoudre les problèmes collectifs de la communauté. La révolution suisse de 1798 n'a pas réussi à la faire disparaître.

"Landsgemeinde" – Assemblea regionale
19imo Secolo Dopo la Rivoluzione Elvetica del 1798, il popolo svizzero, tra cui anche gli abitanti del Cantone Nidvaldo, volle recuperare l'antica sovranità popolare, espressa tramite la Landsgemeinde. In seguito a ciò ed al rifiuto della costituzione di Napoleone, il Cantone Nidvaldo affrontò una terribile battaglia contro i Francesi. Nel 1802, la Landsgemeinde recuperò il suo valore originario.

1. Mai 2005 Auf dem Zaunplatz in Glarus im gleichnamigen Kanton eröffnet der Landammann (Oberhaupt der Landsgemeinde) die diesjährige Versammlung der Glarner Landsgemeinde. Ausgangspunkt der Versammlung ist ein Memorial für die Stimmberechtigten, das den Geschäftsbericht und die Planungen des Jahres beschreibt. Die Versammlung dient zugleich der Wahl eines neuen Mitglieds des Verwaltungsgerichts. Seit diesem Jahr wird in Glarus nicht mehr per Handzeichen, sondern per Stimmrechtsausweis entschieden. Heute gibt es die Landsgemeinden nur noch auf kantonaler Ebene in Appenzell Innerrhoden und in Glarus.

1er mai 2005 Sur la Zaunplatz de Glaris, dans le canton du même nom, le chef de la commune déclare ouverte l'assemblée qui va procéder à différents votes. C'est la première fois que l'on ne vote plus à main levée mais au moyen d'une carte d'électeur.

1 Maggio 2005 Nella Zaunplatz di Glarona si apre la riunione annuale del Landsgemeinde con l'ordine del giorno dell'assemblea, durante la quale si discutono le iniziative politiche ed amministrative. Le uniche Landsgemeinde in esercizio sono nel Cantone Appenzello Esterno e nel Cantone Glarona.

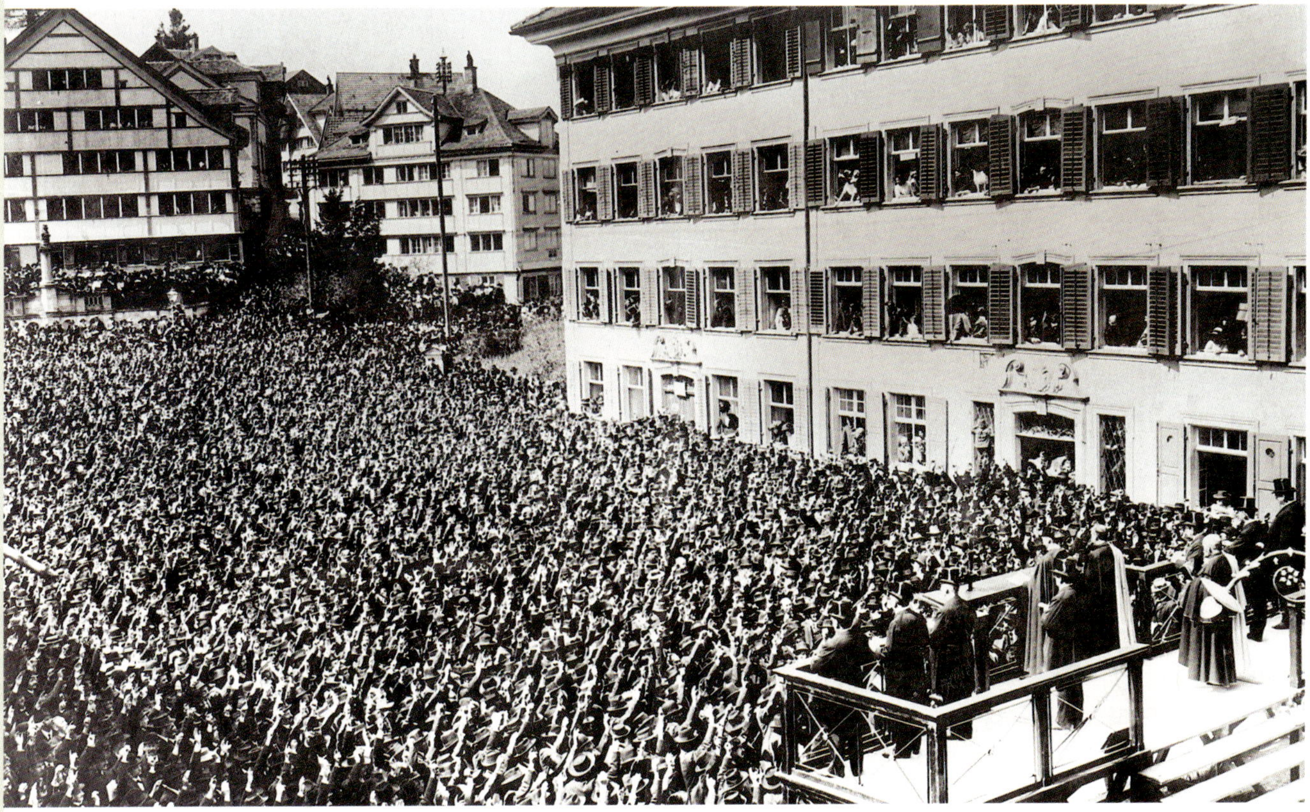

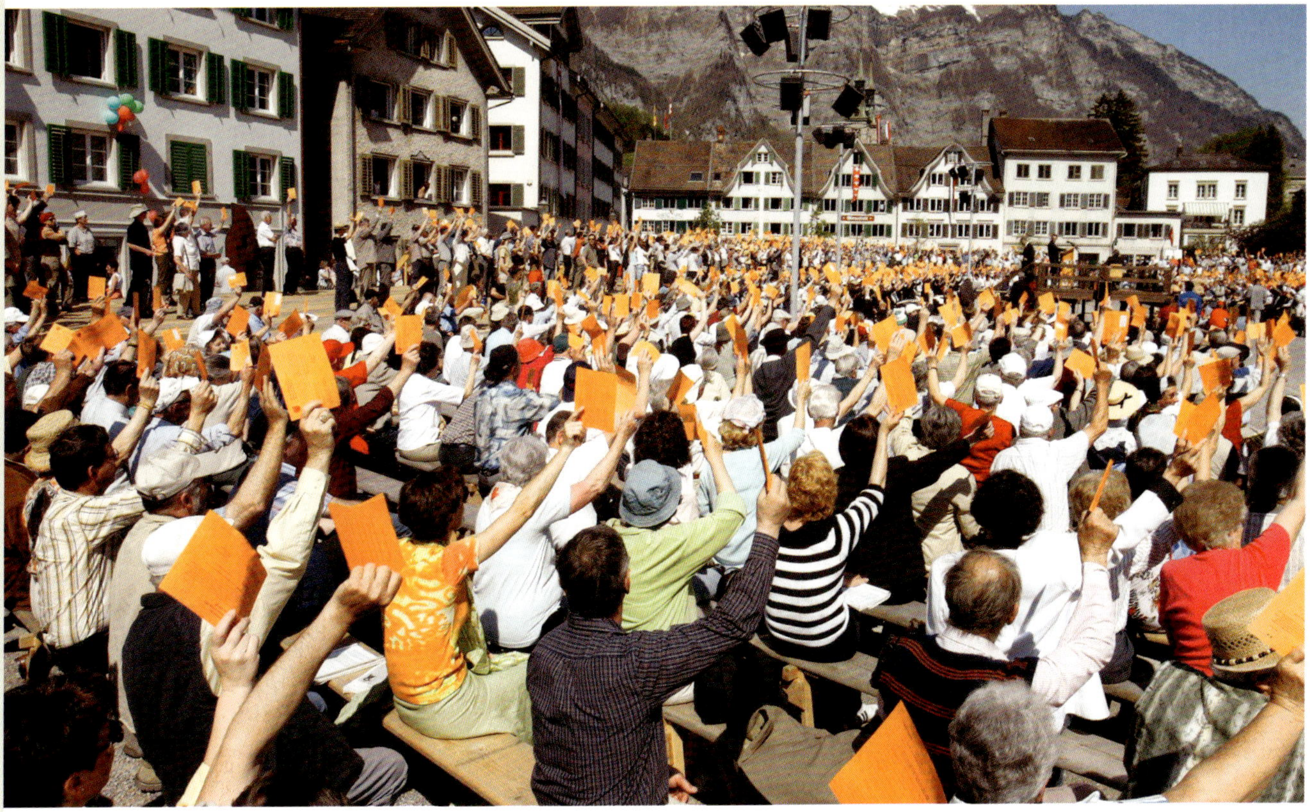

Luzerner Fasnacht
Der Urfasnächtler Fritschi – eine alte Tradition lebt weiter

1950 Die Aufnahme zeigt die wohl älteste Luzerner Fasnachtsfigur, den Bruder Fritschi und seine Frau, die Frit-schene. Arm in Arm machen sie sich zum Luzerner Fasnachtsumzug auf. Die Fasnacht wird jedes Jahr mit dem Urknall am Schmutzigen Donnerstag um fünf Uhr in der Früh eröffnet. Zu Beginn des bunten Treibens, das bis zum Fasnachtsdienstag dauert, steht immer die Figur des Bruder Fritschi. Erstmals schriftlich erwähnt wurde er in einer Urkunde über Soldzahlungen aus dem Jahr 1443. Damals handelte es sich bei der Figur um eine Stroh-puppe. Sie sollte ein Mitglied der größten und ältesten Zunft Luzerns, der Zunft zu Safran, darstellen. Obwohl der Fritschi auf eine lange Geschichte zurückblicken kann, sind Ursprung und Bedeutung des Namens bis heute nicht genau geklärt. Wahrscheinlich ist der Name Fritschi eine Umformung von Fridolin oder Friedrich.

Le carnaval de Lucerne
1950 La photographie montre les plus anciens personnages du carnaval de Lucerne, le père Fritschi et sa femme, la Fritschene, se rendant au défilé du carnaval. Celui-ci débute par un coup de canon et se termine le jour de mardi gras.

Il Carnevale di Lucerna
1950 La foto rappresenta due antiche figure allegoriche di Lucerna, il compare Fritschi e sua moglie Fritschene, che aprono la sfilata della festa. La prima menzione alle due figure è in un documento del 1443. Nonostante la lunga storia del Fritschi, le sue origini e quelle del suo nome non sono ben chiare.

Zweite Entführung Seit Jahrhunderten fahren Bruder Fritschi, die Fritschene und auch das Fritschikind auf einem Umzugswagen durch die Stadt. Beim Luzerner Fasnachtsumzug am 31. Januar 2008 wiederholte sich ein Ereignis, das sich zuletzt vor 500 Jahren zugetragen hatte: Dreiste Landknechte aus Basel entführten Bruder Fritschi mit einer List. Die schöne Basilea lockte ihn von seiner Gattin weg und in die Hände der Entführer. Eingesperrt in einen Käfig wurde Bruder Fritschi beim Umzug vorgeführt und anschließend nach Basel in einen Kerker gebracht. Vorsichtshalber rief seine Frau zur „Wiiberfasnacht" auf. Erst am 20. September 2008 wurde Bruder Fritschi befreit und konnte in seine Heimat Luzern zurückkehren.

Deuxième enlèvement Le 31 janvier 2008 et pour la deuxième fois en 500 ans, le père Fritschi a été enlevé par des valets de ferme de Bâle qui ont utilisé une ruse et l'ont ensuite promené en cage dans la ville. Il n'a été libéré que le 20 septembre suivant.

Secondo rapimento Da secoli il compare Fritschi, la Fritschene ed i piccoli Fritschi attraversano la città su un carro. In occasione della Fasnacht di fine anno del 2007, è stato ripetuto un evento che si celebrava da 500 anni: il Fritschi fu rapito da tre mercenari di Basilea, e portato in una chiesa. Venne poi liberato il 20 Settembre 2008.

Luzern – Schwingen
Damals wie heute ein Schweizer Nationalsport

August 1948 Auf dem Eidgenössischen Schwing- und Älplerfest in Luzern hält der Fähnrich die erste Fahne des Eidgenössischen Schwingerverbandes aus dem Jahr 1914 hoch. Die Fahne ist ein wichtiges Symbol – sie steht für Einigkeit und Zusammengehörigkeit. Das Foto wurde kurz vor der Rangverkündigung aufgenommen und zeigt verdeckt die erstklassierten Schwinger in der Sonntagstracht mit den Ehrendamen. In der Schweiz werden regionale und kantonale Schwingfeste im Freien abgehalten. Schwingen ist ein Zweikampf im Ringen, der auf Sägemehl ausgetragen wird. Wie beim „klassischen" Ringen

gibt es beim Schwingen spezielle Regeln für die einzelnen Griffe und Schwünge. Das Schwingen war ursprünglich ein Hirtensport, heute ist es Schweizer Nationalsport. Seit der Gründung des Eidgenössischen Schwingerverbandes 1895 in Bern wird das Eidgenössische Schwing- und Älplerfest abwechselnd von den verschiedenen Verbänden der Schweizer Orte ausgetragen und findet alle drei Jahre statt.

Lucerne – La lutte suisse
Août 1948 Lors de la fête confédérale de lutte à Lucerne, le porte-drapeau fait flotter le drapeau de 1914 de l'association, symbole d'unité et d'appartenance. La lutte suisse est un sport de bergers devenu sport national avec ses règles établies.

Lucerna – La Schwingen
Agosto 1948 In occasione della prima festa alpina di Schwingen a Lucerna, sventolò la bandiera dell'Unione confederata dei lottatori di Schwingen. La Schwingen è una lotta tra due contendenti. Come le classiche lotte, vi sono delle regole particolari per prese ed atterramenti.

Fahne im neuen, zeitgemäßen Design Am 20. August 2004 wurde das Eidgenössische Schwing- und Älplerfest zum ersten Mal nach 20 Jahren wieder in Luzern ausgetragen. Die Abbildung zeigt den Empfang der Fahne am Vortag des Eidgenössischen Schwing- und Älplerfestes in Luzern, der vor dem Kultur- und Kongresszentrum stattfindet. Die neue Fahne, die zum 100. Geburtstag des Eidgenössischen Schwingerverbandes angefertigt wurde, zeigt ein modernes Design. Sie wird vom Organisationskomitee des vorangegangenen Schwingfestes 2001 in Nyon überbracht und vom Fähnrich getragen. Die Dele-

gation aus Nyon wird von Trachtenleuten aus der Westschweiz, dem französischsprachigen Teil der Schweiz, begleitet. Bester Schwinger und Schwingerkönig wurde in diesem Jahr Jörg Abderhalden (* 1979).

Un drapeau d'apparence plus moderne Le 20 août 2004, la fête confédérale de lutte a eu lieu, pour la première fois depuis 20 ans, à Lucerne. Le nouveau drapeau, modernisé, a été fabriqué pour le centième anniversaire de l'association.

Una bandiera con un nuovo design Dopo 20 anni, la festa alpina di Schwingen è stata riportata a Lucerna. La nuova bandiera mostra un design moderno, ed è stata portata dal comitato organizzativo a Nyon in occasione della festa del 2001.

Interlaken – Unspunnenfest
Damals wie heute ein Fest schweizerischen Brauchtums

August 1805 Am 17. August 1805 fand das erste Unspunnenfest in der Nähe der Ruine Unspunnen bei Interlaken statt. Es wurde in den Disziplinen Steinstoßen, Schwingen, Trachtentanz, Fahnenschwingen und Jodeln gekämpft. Das Fest wurde auf Anregung von vier Familien der Berner Patrizierschicht ins Leben gerufen und sollte dazu dienen, die Landbevölkerung, die gegen die Berner Obrigkeit rebellierte, zu besänftigen. Das eintägige Fest erbrachte zwar nicht den erhofften politischen, dafür aber einen kulturellen Erfolg. Die Landesverbände der Schwinger, Jodler und Alphornbläser, die Heimatschutzbewegung sowie die Schweizerische Trachtenvereinigung fanden hier ihren Anfang. Bereits drei Jahre später wurde das Unspunnenfest im Gedenken an den legendären Rütlischur von 1308 wiederholt.

Interlaken – La fête d'Unspunnen

Août 1805 La première fête d'Unspunnen a eu lieu le 17 août 1805 à proximité de la ruine d'Unspunnen, près d'Interlaken. Les disciplines représentées en compétition sont le jet de pierre, la lutte suisse, la danse en costume et le yodel.

Interlaken – La festa di Urspunnen

Agosto 1805 Nel 1805 si tenne la prima festa di Urspunnen, durante la quale si disputarono giochi come il lancio della pietra o la Schwingen. La festa originariamente serviva a placare le popolazioni contadine ribelli. Tre anni dopo la festa venne ripetuta, in memoria del leggendario Rütlischur del 1308.

Lebendiges Brauchtum Am 3. September 2006 verfolgt eine riesige Zuschauerzahl beim Unspunnenfestival in Interlaken die Wettbewerbe im Schwingen. Das Unspunnenfest gilt heute als das bedeutendste Schweizer Brauchtumsfest und ist zudem die größte Sportveranstaltung für die eidgenössischen Wettkampfdisziplinen. Seine eigentliche Renaissance feierte das Unspunnenfest 1946 als „Schweizerisches Trachten- und Alphirtenfest". Seither findet es alle zwölf Jahre statt. Die Veranstaltung, die für Anfang September 2005 geplant war, musste aufgrund der schweren Unwetter in diesem Jahr abgesagt werden. So wurde das 200-jährige Jubiläum ein Jahr später, jedoch in alter Manier mit Schwingern, Steinstößern, Jodlerinnen, Musikanten und Trachtenleuten gefeiert.

Une tradition vivante La fête d'Unspunnen célèbre une renaissance, en 1946. Le 3 septembre 2006, un grand nombre de spectateurs participe aux compétitions de lutte suisse. C'est aujourd'hui la plus importante fête traditionnelle.

Un'usanza ancora viva La festa di Unspunnen è oggi la più significativa festa popolare della Svizzera. Il suo principale rinnovamento fu nel 1946, quando venne celebrata come "Schweizerisches Trachten- und Alphirtenfest". Per il 200imo giubileo, i festeggiamenti furono condotti come nell'antichità.

Steinstoßen
Verteidigungswaffe wird zum Sportgerät

Um 1850 Das Steinstoßen ist nicht nur das älteste Kräftespiel der Hirten und Sennen, es war sogar ein Mittel, mit dem sich die Schweizer im 14. und 15. Jahrhundert verteidigten. Eine Sportart wurde das Steinstoßen bei dem ersten Unspunnenfest im Jahr 1805; bis heute ist es die Königsdisziplin bei dieser Veranstaltung. Dem Appenzeller Josef Dörig soll es gelungen sein, den 167 Pfund schweren Unspunnenstein zehn Fuß, was etwa drei Metern entspricht, weit zu stoßen. Der Unspunnenstein blieb 100 Jahre verschollen und wurde erst im Jahr 1905 zwischen Wilderswil und Interlaken wiedergefunden. Bis heute haben sich die Regeln beim Steinstoßen kaum verändert: ein abgerundeter, 83,5 Kilogramm schwerer Stein wird hochgehoben und nach kurzem Anlauf oder aus dem Stand heraus weggestoßen.

Jet de pierre
Vers 1850 Le steinstossen, ou jet de pierres, n'était pas seulement un sport pour bergers et travailleurs des alpages, c'était aussi aussi un moyen de défense. Devenu discipline sportive en 1805, ses règles sont demeurées presque inchangées.

Lancio della pietra
Attorno al 1850 Il lancio della pietra non era solo un gioco di forza ma anche un sistema di difesa. Diventò disciplina sportiva nella festa di Unspunnen del 1805 ma rimase nell'ombra per circa 100 anni, quando ritornò alla luce nel 1905, con delle modifiche alle regole.

Steinstoßen wird international An der Wende vom 19. zum 20. Jahrhundert war Steinstoßen ein olympischer Wettbewerb, der jedoch bald aus dem Programm gestrichen wurde. Es folgten Jahrzehnte, in denen der Sport verhältnismäßig wenig bekannt war. Eine echte Renaissance erlebte das Steinstoßen in den 1980er-Jahren. Die Begeisterung war so groß, dass sogar Steinstoßclubs gegründet wurden. 1998 wurden die ersten Weltmeisterschaften offiziell ausgeschrieben und veranstaltet. Zwischenzeitlich hat sich diese Sportart nicht nur in der Schweiz, sondern weltweit etabliert. Dennoch ist und bleibt das Stoßen des Unspunnensteins bei den eidgenössischen Schwing- und Älplerfesten der herausragende Wettkampf dieser Sportart. Am 4. September 2006 stellte der Schweizer Markus Maire aus Plaffeien mit 3,89 Metern einen neuen Unspunnen-Rekord auf.

Une discipline internationale Après avoir été au programme des jeux Olympiques, le steinstossen disparaît pendant quelques décennies pour connaître une renaissance dans les années 1980. Depuis, le monde entier s'enthousiasme pour la « pierre d'Unspunnen ».

La disciplina diventa internazionale Tra il 19imo e 20imo secolo, il lancio della pietra figurò come disciplina olimpionica. Successivamente rimase poco conosciuto per decenni fino alla rinascita negli anni '80, quando vennero fondate persino delle associazioni. Tuttavia, in Svizzera non perse il suo carattere illustre.

Genf – Rotes Kreuz
Henri Dunants Erbe lebt weiter

August 1864 Der Schweizer Kaufmann Henri Dunant (1828–1910), der im Sommer 1859 auf einer Geschäftsreise in der Lombardei war, erlebte vor Ort, wie die Verwundeten nach der Schlacht von Solferino ohne jegliche Hilfe auf dem Schlachtfeld zurückgelassen wurden. Dieses Erlebnis bewegte ihn so sehr, dass er spontan vor Ort eine Hilfsorganisation gründete, die sich um die verletzten und kranken Soldaten kümmerte. Doch das war erst der Anfang: Im August 1864 bildete er mit Gleichgesinnten ein Komitee, aus dem später das Internationale Komitee des Roten Kreuzes (IKRK) hervorging. Dunants Ausschuss verfasste eine Konvention zur Milderung der „vom Krieg unzertrennlichen Übel": Diese erste Genfer Konvention wurde 1864 von zwölf europäischen Staaten unterzeichnet. Als im Jahr 1901 der Friedensnobelpreis zum ersten Mal verliehen wurde, ging die Auszeichnung an Henri Dunant.

Genève – La Croix-Rouge
Août 1864 En 1859, l'homme d'affaires suisse Henri Dunant découvre les soldats blessés de la bataille de Solférino. Pour leur venir en aide, il fonde une organisation humanitaire et crée, en 1864, le comité international de la Croix-Rouge.

Ginevra – La Croce Rossa
Agosto 1864 L'organizzazione nasce da Henri Dunant, che dopo aver visto le vittime della battaglia di Solferino abbandonate al suolo, decise di fondare un'organizzazione di volontariato per l'assistenza medica. Quindi stilò una convenzione, che fu firmata da 12 stati europei a Ginevra. Nel 1901 gli venne assegnato il premio Nobel per la pace.

Das Internationale Rotkreuz- und Rothalbmondmuseum Auf dem Gelände des Grün-
dungssitzes in der Avenue de la Paix befindet sich seit 1988 das Rotkreuz- und Rothalbmondmuseum, das jedes Jahr rund 80 000 Besucher anzieht. Es zeigt die Geschichte und die
Aktivitäten der Internationalen Rotkreuz- und Rothalbmond-Bewegung und dokumentiert
die humanitäre Arbeit, die Jahr für Jahr geleistet wurde. Der Innenhof des Museums wird von
zwei großen Segeln überspannt. Sie sind die Symbole der Bewegung und stehen für den
besonderen Schutz der Delegierten, die oftmals im Verborgenen tätig sind. Vor dem Eingang
wird der Besucher mit lebensgroßen gefesselten Figuren konfrontiert. Die Skulptur mit dem
Titel „Die Versteinerten" wurde 1979 von dem Schweizer Künstler Carl Bucher (* 1935)
geschaffen. Sie soll die Betrachter dazu bewegen, an die vielen Menschenrechtsverletzungen
und Opfer von Gewalt zu denken.

Le musée international de la Croix-Rouge et du Croissant-Rouge Situé depuis 1988
sur le site de fondation du comité, le musée présente chaque année à quelque 80 000 visiteurs l'histoire et les activités du comité international.

Il museo della Croce Rossa e della Mezzaluna Rossa Il museo accoglie annualmente
circa 80 000 visitatori. Mostra le attività e la storia delle due organizzazioni, e documenta
il lavoro che annualmente esse svolgono. Il cortile interno è coperto da due vele, che simbo-
leggiano il movimento e l'attività dei delegati.

Genfer Escalade
Alljährliches Historienspektakel

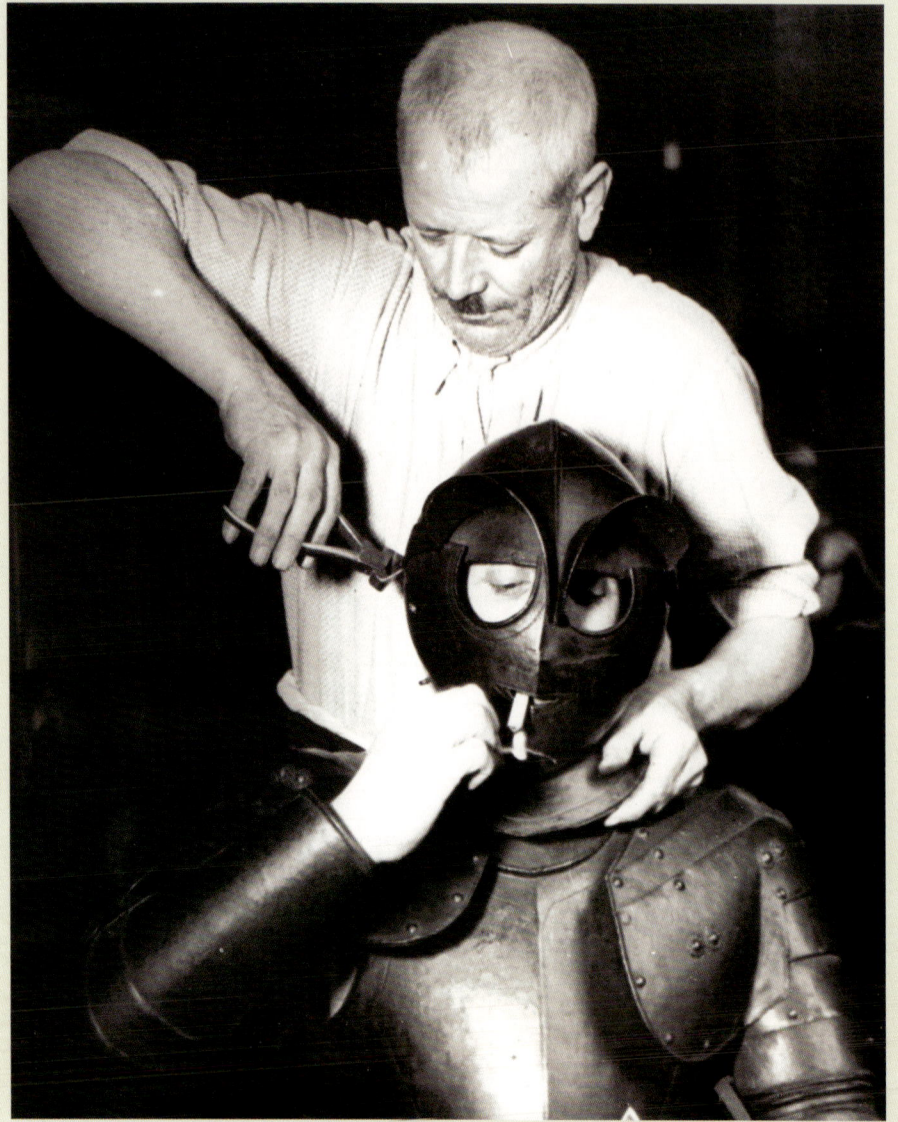

Dezember 1937 Wie jedes Jahr am 11. Dezember begehen die Genfer ihren großen Gedenktag: Sie feiern ihren Sieg über die Savoyen, die in der Nacht vom 11. auf den 12. Dezember 1602 die Stadt angegriffen hatten. Der Herzog von Savoyen hatte Genf als Besitztum verloren und wollte es nun mit einem unerwarteten Vorstoß zurückerobern. Doch die Genfer verteidigten ihre Stadt erfolgreich. Seit 1603 wird ihr Sieg über die Savoyer Angreifer mit der Genfer Escalade, einem großen Gedenkumzug, bei dem die Mitwirkenden historische Kostüme tragen, gefeiert.

L'Escalade de Genève

Décembre 1937 Chaque année, le 11 décembre, les Genevois fêtent leur victoire sur les Savoyards qui avaient attaqué leur ville, dans la nuit du 11 au 12 décembre 1602, pour en reprendre possession au nom de leur duc. L'Escalade est fêtée par un défilé.

Escalade de Genève

Dicembre 1937 Il 17 Dicembre di ogni anno si festeggia a Ginevra la ricorrenza della vittoria contro i Savoia, che cercarono di conquistare la città con un attacco a sorpresa, respinto efficacemente dai Ginevrini. Dal 1603 questa ricorrenza è festeggiata con l'Escalade, una sfilata con i costumi storici dell'epoca.

Mit Fackeln und Flammen Der Gedenkumzug der Escalade findet bei Dunkelheit statt. In einem feierlichen Festzug ziehen die zahlreichen Mitwirkenden, ob groß oder klein, in historischen Kostümen und mit Fackeln in den Händen durch die Stadt. Was für Genf die Escalade ist, ist für Zürich das Sechseläuten. Viele Schweizer Städte feiern Feste in der Stadt, die häufig auf wichtige historische Ereignisse zurückgehen.

Avec flambeaux et flammes Le défilé en souvenir de cette victoire a lieu la nuit et les habitants, petits et grands, défilent en costume et au flambeau dans la ville. L'Escalade est à Genève ce que les Sonnailles de six sont à Zurich.

Con fiaccole e fiamme La sfilata dell'Escalade ha luogo con il buio. I partecipanti tengono tutti in mano una fiaccola e attraversano la città. L'Escalade di Ginevra si può paragonare al Sechseläuten di Zurigo.

Internationales Filmfestival von Locarno
Vom Hotelpark-Kino zum renommierten Open-Air-Filmfestival

1960er-Jahre Seit über 60 Jahren findet eines der renommiertesten Filmfestivals der Welt in Locarno statt. Mit ihrem mediterranen und zugleich eleganten Flair ist die Stadt am Lago Maggiore, im südschweizerischen Kanton Tessin gelegen, die perfekte Kulisse. Das Grand Hotel Locarno, in dessen Park am 22. August 1946 im kleinen Rahmen und ohne Wettbewerb die ersten Filme präsentiert wurden, ist die Wiege des Festivals. Rund 1500 Zuschauer nahmen daran teil. Gleichzeitig diente das Grand Hotel als Treffpunkt der Filmer, Produzenten und Besucher; zahlreiche Filmstars, darunter Marlene Dietrich (1901–1992) oder Andrei Tarkowski (1932–1986), wohnten auch im Grand Hotel.

Festival cinématographique international de Locarno
Les années 60 L'un des festivals du film d'auteurs indépendants les plus connus se tient à Locarno. Pendant son déroulement, de nombreuses stars résident au Grand Hôtel Locarno, dans le parc duquel les films des premières éditions ont été présentés.

Festival internazionale del cinema di Locarno
Anni '60 Da oltre sessant'anni a Locarno, sul Lago Maggiore, ha luogo uno dei più rinomati festival cinematografici del mondo. Il Grand Hotel Locarno è la culla del festival, nel cui parco venne presentato il primo film. Tuttora il Grand Hotel è un importante punto d'incontro tra registi, produttori e visitatori.

60 Jahre Filmfestival Im Jahr 2007 feierte das Filmfestival Locarno nicht nur sein 60-jähriges Bestehen, es erlebte auch ein Revival seiner eigenen Geschichte. Die Retrospektive „Retour à Locarno" erinnerte an Werke von Filmemachern und Regisseuren, die auf dem Festival von Locarno „entdeckt" wurden. Seit 1971 findet das elftägige Festival nicht mehr im Grand Hotel Locarno, sondern auf der Piazza Grande statt. Für diesen Anlass wird der Platz zum Open-Air-Kino mit 7000 Sitzplätzen, modernsten technischen Anlagen und einer 364 Quadratmeter großen Leinwand umgerüstet. Jedes Jahr kommen Tausende Filmbegeisterte nach Locarno, um die neuesten Filme zu sehen und zu beurteilen. 2007 nahmen 186 000 Besucher am Festival teil.

60 ans de festival cinématographique Le festival a évolué et se tient, depuis 1971, Piazza Grande, où trône un immense écran pour les représentations en plein air. Un nombre croissant de spectateurs participe chaque année au festival.

60 anni di festival Nel 2007 il festival di Locarno non ha soltanto festeggiato il suo 60imo anno ma ha anche compiuto un revival della sua storia, nel quale si son ricordati lavori di registi e produttori "scoperti" a Locarno. Per l'evento è stato allestito nella piazza un cinema all'aperto con 7000 posti.

Alpenpanorama Vom Gornergrat eröffnet sich der atemberaubende Blick auf den Gornergletscher und die Dufourspitze, die mit ihren 4634 Metern den höchsten Gipfel der Schweiz bildet. Rechts daneben schließt sich der Grenzgletscher an, einer der beiden einzigen sogenannten kalten Gletscher der Alpen, deren Eis dauerhaft bei unter Null Grad Celsius entsteht.

Panorama alpin C'est une vue à vous couper le souffle sur le glacier aux neiges éternelles, le glacier du Gorner, qui s'étend du Gornergrat à la pointe Dufour. C'est le plus haut sommet de la Suisse, cuminant à 4634 mètres d'altitude.

Panorama alpino Dal Gornergrat si apre il panorama mozzafiato sul ghiacciaio del Gornergrat e la cima di Dufour, alta 4643 mt. Sulla destra si nota il Grenzgletscher, uno dei due cosiddetti ghiacciai freddi delle Alpi, dove la temperatura non sale mai sopra lo zero.

Landschaft, Umwelt und Klima

Umweltbewusste Nation Durch den Menschen bedingte Änderungen im Klima unseres Planeten lassen sich besonders gut in der Zunahme von Naturkatastrophen und dem Rückgang der Gletschermassen ablesen. Beide Phänomene finden sich in der Schweiz wieder: Während das Wetter in der Alpenregion immer häufiger Kapriolen schlägt und regelmäßig Hochwasser die Eidgenossenschaft erschüttern, schrumpfen die beeindruckenden Gletscher und Eisfelder immer mehr zusammen. Durch ihre ungeschützte Lage in den Bergregionen wird in der Schweiz dem Umweltschutz seit jeher besondere Bedeutung beigemessen, um die landschaftliche und biologische Vielfalt des Landes zu schützen.

Une nation respectueuse de l'environnement Les changements climatiques de notre planète sont particulièrement visibles en Suisse, un pays victime d'inondations et de la fonte des glaciers. Depuis toujours, la protection de l'environnement y est un thème d'importance.

Una nazione attenta all'ambiente In Svizzera si possono osservare due dei più rilevanti effetti dei cambiamenti climatici del pianeta, ovvero inondazioni e diminuzione dei ghiacciai. Perciò la protezione dell'ambiente ha assunto in Svizzera un ruolo molto importante.

Berlingen – Bodenseehochwasser
Alle Jahre wieder ...

20. Juli 1987 Das Wasser des Bodensees trat über die Ufer und überschwemmte die Ortschaft Berlingen im Kanton Thurgau. Während die Bewohner mit
überfluteten Kellern und unbefahrbaren Straßen zu kämpfen hatten, nahmen
Touristen die Situation gelassen: Sie wurden mit Booten zu den Sehenswürdigkeiten gebracht und Kinder badeten in den Straßen. Das überschwemmte
Berlingen wurde zu einem beliebten Ferienausflugsziel, das seine Besucher ein
wenig an das Acqua-Alta-Flair von Venedig erinnerte.

Berlingen – Les inondations du lac de Constance
20 juillet 1987 Le lac de Constance déborde et ses eaux envahissent la commune de Berlingen, dans le canton de Thurgovie. Pendant que les habitants
sont confrontés à des rues inondées, les touristes, eux, visitent en bateau les
sites propices.

Berlingen – Inondazione del Lago di Costanza.
20 Luglio 1987 L'acqua del Lago di Costanza straripò, allagando Berlingen.
Mentre i cittadini combattevano contro l'allagamento delle cantine e delle
strade, i turisti visitavano le bellezze del paese in barca e i bambini facevano
il bagno. Così, la Berlingen allagata divenne una meta turistica, che ricordava
ai suoi visitatori Venezia.

Erneute Überflutungen Am 22. Mai 1999 wurde Berlingen erneut vom Bodensee überschwemmt. Starke Niederschläge und die Schneeschmelze führten dazu, dass der Seewasserstand am Pegel Konstanz innerhalb von 14 Tagen um rund 1,80 Meter auf 5,65 Meter stieg. Das war der höchste Wasserstand des Bodensees seit dem Jahr 1890. Berlingen, auf einer Landzunge direkt am See-ufer gelegen, war besonders stark von den Überflutungen betroffen. Wie bereits im Jahr 1987 richtete auch diesmal das Hochwasser große Schäden an und wochenlang konnten sich die Bewohner nur auf Holzstegen oder mit Booten fortbewegen.

Nouvelles inondations Le 22 mai 1999, Berlingen est de nouveau inondée par le lac de Constance. De violentes pluies et la fonte des neiges ont fait monter le niveau du lac de 1,80 m en 15 jours, atteignant le niveau le plus élevé depuis 1890.

Nuova inondazione Il 22 Maggio 1999 Berlingen venne allagata nuovamente dal Lago di Costanza. Le forti piogge e il disgelo aumentarono il livello dell'acqua da 1,80 mt a 5,65 mt. Berlinger fu investita dallo straripamento, che alla città come in precedenza causò ingenti danni .

Romanshorn – Hafen
Ein Bodenseehafen im Wandel der Zeit

Februar 1963 Im Winter des Jahres 1963 war es so kalt, dass der Bodensee vollständig zufror. Das Zufrieren des Bodensees, in der Schweiz „Seegfrörni" genannt, lässt sich seit dem Jahr 875 insgesamt 33-mal belegen. Der Hafen von Romanshorn im Kanton Thurgau, in dem sonst ein reger Schiffsbetrieb herrscht, bot mit den darin schwimmenden Eisschollen ein ungewohntes Bild. Zwischen dem Nachbarort Altnau und Hagnau an der gegenüberliegenden deutschen Seeseite war die Eisdecke des Sees sogar so fest, dass Fußgänger, Schlittschuhläufer und sogar Pferdeschlitten den Bodensee gefahrlos überqueren konnten. Bislang war dies das letzte Mal, dass der Bodensee vollkommen zugefroren war.

Romanshorn – Le port
Février 1963 L'hiver de 1963 a été si froid que le lac de Constance a gelé. C'est un phénomène très rare constaté à seulement 33 reprises depuis 875. Le port de Romanshorn s'est trouvé provisoirement impraticable à la navigation en raison des blocs de glace.

Romanshorn – Il Porto
Febbraio 1963 Nel 1963 l'inverno fu così freddo che il Lago di Costanza congelò completamente. Durante quell'inverno, il ghiaccio era così solido che le persone attraversavano il lago congelato a piedi o su slitte. Fu l'ultima volta che il lago se presentò perfettamente congelato.

Verkehrsknotenpunkt am Bodensee Heute bietet sich dem Besucher von Romanshorn ein anderes Bild. Segelboote liegen ruhig im Hafen, das sonnige Wetter gibt den Blick auf den Kirchturm der Pfarrkirche und der nördlich davon liegenden alten Kirche frei. Schwer vorstellbar, dass hier einmal Eisschollen schwammen. Viele Ferienreisende kennen Romanshorn als wichtigen Verkehrsknotenpunkt. Die Autofähre von Romanshorn nach Friedrichshafen ist eine der wichtigsten Schnellverbindungen über den Bodensee. In Hafennähe befindet sich auch der Bahnhof. Von hier aus gibt es zahlreiche direkte Zugverbindungen in die gesamte Schweiz.

Un axe routier au bord du lac de Constance Le port de Romanshorn, qui offre une vue vers son église et son importante gare ferroviaire, accueille de nombreux car-ferries qui transportent les touristes et leurs véhicules vers les villes des rives du lac.

Uno snodo importante presso il Lago di Costanza Oggi Romanshorn offre un altro spettacolo. Infatti, molti turisti considerano Romanshorn uno svincolo importante: la strada per Friedrichshafen è un collegamento rilevante, insieme alla stazione che si trova nelle vicinanze.

Klosters – Unwetter
Ein Jahr mit Schnee- und Wassermassen

26. August 2005 Im Spätsommer 2005 kämpfte die Schweiz vom Berner Oberland über die Innerschweiz bis nach Graubünden mit den schwersten Unwettern seit Jahren. Ursache war das Tief Norbert über der Adria. Es brachte so große Niederschlagsmengen in die Alpen, dass es zu Überschwemmungen in den nördlichen Vor- und Zentralalpen kam. Auch Klosters im Engadin, Kanton Graubünden, war stark betroffen. Die Landquart, die jede Menge Geschiebe und Treibholz mit sich führte, trat über die Ufer. Mehrere Tage waren die örtliche Feuerwehr und der Zivilschutz mit den Aufräumarbeiten beschäftigt.

Klosters – La tempête
26 août 2005 À la fin de l'été 2005, de l'Oberland bernois en passant par la Suisse centrale et le canton des Grisons, la Suisse a été balayée par une tempête extrêmement violente qui a provoqué des inondations en de nombreux endroits, tout particulièrement à Klosters.

Klosters – Maltempo
26 Agosto 2005 Nel 2005 la Svizzerà combattè senza sosta contro il maltempo, causato dalla bassa pressione sull'Adriatico che originò forti precipitazioni sulle Alpi. Anche Klosters fu colpita con forza, poiché il Landquart straripò, portando con sè pezzi di ghiaccio e di legno.

Ein Meter Neuschnee Kurz vor Weihnachten kämpften die Bürger von Klosters erneut mit den Naturgewalten. In der Nacht vom 8. Dezember 2005 fiel in den Schweizer Alpen fast ein Meter Neuschnee. Einige Häuser und Straßen wurden völlig von den Schneemassen bedeckt. Anders als bei der Hochwasserkatastrophe im August richteten die Schneefälle nur geringfügige Schäden an. Hilfskräfte waren nur vereinzelt im Einsatz. Meist ergriffen die Bürger selbst die Initiative. Mit Schaufel und Schneeschippe stiegen sie auf ihre Hausdächer, um sie von den drückenden Schneemassen zu befreien.

Un mètre de neige fraîche Peu avant Noël 2005, les habitants de Klosters se sont vus confrontés à une nouvelle catastrophe : dans la nuit du 8 décembre, un mètre de neige est tombé sur les Alpes suisses. Mais les dégâts causés alors se sont révélés moindres que ceux laissés causés la tempête.

Un metro di neve Poco dopo Natale, i cittadini di Klosters dovettero vedersela con quasi un metro di neve, che cadde sulle Alpi. Contrariamente all'inondazione, essa fece soltanto pochi danni. I soccorsi furono pochi, così i cittadini dovettero prendere per la maggior parte da soli l'iniziativa.

Weesen – Hochwasser
Ein Unwetter verursacht bleibende Schäden

23. August 2005 An diesem Tag wurde das kleine Städtchen Weesen am Walensee im Kanton St. Gallen vollständig überflutet. Jeder Bach, der durch den Ort floss, trat über die Ufer. Die Folge war, dass noch am Abend der Gemeindeführungsstab Hochwasseralarm auslöste. Feuerwehrleute aus dem sankt-gallischen Buchs sowie der Zivilschutz leisteten Hilfe und kämpften mit den Bürgern von Weesen gegen die Fluten des Hochwassers.

Weesen – Les inondations
23 août 2005 Ce jour-là, la petite ville de Weesen, située au bord du lac Walensee dans le canton de Saint-Gall, est entièrement inondée. Tous les ruisseaux qui la traversent ont débordé et l'intervention des pompiers devient nécessaire.

Weesen – L'inondazione
23 Agosto 2005 In tale giorno la piccola cittadina di Weesen venne inondata a causa dello straripamento del fiume che scorre là vicino. Il risultato fu che il consiglio comunale dichiarò lo stato di calamità.

Die Folgen des Jahrhundertunwetters Knapp ein Jahr später, am 15. August 2006, stehen die Helfer der Feuerwehr trockenen Fußes an derselben Stelle. Auf dem Bild ist das Ausmaß der Schäden, die sich allein in Weesen auf mehrere Millionen Franken summierten, nicht zu sehen. An vielen Stellen im Ort sind die Folgen des Jahrhundertunwetters jedoch auch heute noch sichtbar. Was damals geschah, wird so schnell nicht vergessen: Sechs Menschen, darunter zwei Feuerwehrmänner im Einsatz, kamen ums Leben. In der gesamten Schweiz entstand ein Schaden von über 1,1 Milliarden Franken.

Les conséquences de la tempête du siècle Près d'un an après la catastrophe, les pompiers posent, les pieds au sec, au même endroit. Les dommages matériels et humains provoqués par les inondations demeurent invisibles sur la photographie.

Il ritorno secolare del maltempo Nella foto i vigili del fuoco, dopo appena un anno, sono in piedi sullo stesso luogo, ora asciutto. I danni dell'inondazione sono però ancora visibili in alcune parti della città. Sei persone persero la vita e in tutta la Svizzera ci furono danni per 1,1 miliardi di franchi.

Bern – Marzilibad
Ein Unwetter und seine Schäden

22. August 2005 Beim Alpenhochwasser 2005 wurde auch das Marzilibad in Bern nach heftigen Regenfällen komplett überschwemmt. Das Wasser der Aare trat über die Ufer und überflutete das meistbesuchte Freibad Berns. Die zwei Männer im Bild waten dort durch das Wasser, wo sich einst die Liegewiese befand. Nach dem Hochwasser musste das Bad wegen Sanierungsarbeiten für fünf Tage geschlossen werden.

Berne – Marzilibad, la piscine en plein air
22 août 2005 Lors des inondations de 2005, la pelouse de Marzilibad, la piscine en plein air, est entièrement recouverte par les eaux de la rivière Aar qui a débordé. En raison des travaux de réhabilitation, les bassins sont restés fermés au public pendant 5 jours.

Berna – Marzilibad
22 Agosto 2005 Quando ci fu l'inondazione nel 2005, la piscina all'aperto di Marzilibad a Berna straripò in seguito ad una forte precipitazione. Dopo l'inondazione, il Marzilibad dovette essere risanato e venne chiuso per cinque giorni.

Im Jahr darauf Knapp ein Jahr später, am 15. August 2006, genießen Bade-
gäste an derselben Stelle die sommerlichen Temperaturen. Es wirkt, als hätte es
nie ein Unwetter gegeben. Doch der Schein trügt: Das Hochwasser, das vom
21. bis 24. August 2005 dauerte, richtete immense Schäden an Gebäuden und
öffentlichen Einrichtungen an. Zwar konnte ein Großteil inzwischen behoben
werden, zahlreiche Wege und Brücken, die damals zerstört oder beschädigt
wurden, erinnern aber noch immer an das Unwetter.

Un an après Presque un an après, le 15 août 2006, au même endroit, les baig-
neurs profitent de températures estivales, mais l'apparence est trompeuse: les
inondations ont causé d'énormes dommages aux bâtiments et aux installations
de la ville.

L'anno successivo Un anno dopo, gli ospiti del Marsilibad possono godersi le
temperature estive, dove prima era completamente inondato. Ciononostante,
il maltempo ha causato immensi danni; numerose strade e ponti furono
danneggiati e sono oggi monito dell'inondazione.

Bern – Mattequartier
Jahrhunderthochwasser und moderner Katastrophenschutz

22. August 2005 In der Nacht vom 21. auf den 22. August 2005 trat die Aare über die Ufer und überflutete das historische Mattequartier in Bern. Ein großer Schwemmholzteppich, der das Flussbett der Aare blockiert hatte, war der Auslöser dafür, dass der Fluss tagelang das Altstadtquartier überflutete und dabei alles auf den Straßen und Gassen – Abfallcontainer, Motorräder und sogar Autos – mit sich riss. Das Wasser erreichte einen Höchststand von bis zu zwei Metern. Alle Bewohner des Quartiers mussten von Feuerwehr und Zivilschützern mit Booten und Helikoptern aus ihren Häusern evakuiert werden. Geschäfte, Läden und Restaurants mussten schließen, manche für immer. Nahezu jedes Haus des Quartiers war von den Überflutungen betroffen. Der Gesamtschaden ging in die Millionen.

Berne – Le quartier Matte
22 août 2005 Dans la nuit du 21 au 22 août 2005, un tapis de bois flottant qui bloquait le lit de la rivière Aar a causé son débordement. L'eau a envahi le quartier historique de la vieille ville et l'inondation a provoqué des dégâts considérables.

Berna – Mattequartier
22 Agosto 2005 Nella notte tra il 21 e il 22 Agosto, il Mattequartier di Berna venne allagato dall'Aare che straripò. L'acqua raggiunse un livello di 2 mt, obbligando i cittadini del quartiere ad evacuare. Le attività vennero chiuse, alcune per sempre; i danni ammontano a milioni.

Ein Jahr danach Wo einst überflutete Straßen das Bild beherrschten, rollt am 15. August 2006, knapp ein Jahr nach dem Hochwasser, der Verkehr im Mattequartier wieder wie gewohnt. Die Spuren der Verwüstung sind beseitigt. Doch die Folgen des Unwetters sind nicht vergessen. Überall in der Schweiz forderte das Jahrhunderthochwasser mehrere Tote, Hunderte Menschen verloren ihre Häuser und ihren Besitz. Um in Zukunft auf derartige Ereignisse besser vorbereitet zu ein, hat sich die Baudirektion des Kantons Bern mit 18 Aare-Anrainer-Gemeinden auf ein Programm mit 24 Einzelmaßnahmen für einen besseren Hochwasserschutz geeinigt. Im Mai 2006 wurde ein neues Hochwasseralarmsystem namens SIKADO in Betrieb genommen: Von nun an werden alle Bewohner und Geschäftsleute des Mattequartiers bei Hochwassergefahr mittels SMS auf ihren privaten Handys alarmiert.

Un an après Le 15 août 2006, quasiment un an après, les véhicules circulent de nouveau dans la rue. Les conséquences de la catastrophe restent présentes à la mémoire : plusieurs morts, des centaines de personnes sans abri ont imposé la prise de mesures de protection pour l'avenir.

Un anno dopo Sulle strade prima allagate il traffico torna a scorrere normalmente, ciononostante le conseguenze dell'inondazione non sono state dimenticate. Nel 2006 è stato adottato un sistema d'allarme anti-inondazione chiamato SIKADO, che permette di avvertire del pericolo tramite cellulare.

Urnersee – Seeschüttung
Vom Industriestandort zur naturnahen Deltalandschaft

Mai 2000 100 Jahre lang wurde an der Stelle, wo die Reuss in den Urnersee – den südlichsten Teil des Vierwaldstättersees – mündet, Kies abgebaut; dadurch wurden die Flachwasserzonen und Riedgebiete des Sees stark geschädigt. 1985 entschied man per Gesetz, den Bereich nachhaltig zu schützen; gleichzeitig sollte mit Renaturierungsarbeiten begonnen werden. Dieser Beschluss führte dazu, dass am 23. Mai 2000 im Reussdelta mit der Aufschüttung von Bade- und Naturschutzinseln begonnen wurde. Das Aushubmaterial dafür stammte von Bauarbeiten am Gotthard-Basistunnel. Bis zur Fertigstellung im Jahr 2006 wurden rund 2,5 Tonnen Bruchmaterial zur Renaturierung des Reussdeltas verwendet.

Le lac d'Uri – Le remblai du lac
Mai 2000 Pendant cent ans, on a extrait du sable du site où la Reuss se jette dans le lac d'Uri. Les zones de bas-fond et les marécages du lac ont été fortement endommagés par cette activité. En 1985, une loi a décrété le remblai du delta de la Reuss.

Urnersee – L'assestamento del lago
Maggio 2000 L'estrazione della ghiaia, che durò per 100 anni nella zona della foce del Reuss nel Vierwaldstättersee, danneggiò il lago e nel 1985 venne promulgata una legge per la sua protezione. Questa legge portò alla creazione di un isolotto per la tutela della natura, realizzata con il materiale di scavo del tunnel del Gottardo.

Freizeitvergnügen und Naturschutz Die Luftaufnahme zeigt die Badeinseln der Inselgruppe Lorelei im Reussdelta des Urnersees. Das Projekt Seeschüttung im Reussdelta ist vollendet. Seit Ende Juni 2005 laden drei Inseln Erholungsuchende zum Baden und Schwimmen im Urnersee ein, dessen Wasserqualität im Übrigen sehr gut ist. An den steilen Felswänden der Berge entwickeln sich starke Winde, die Surfern beste Bedingungen für ihren Sport bieten.

Parc de loisir et protection de la nature Cette vue aérienne du delta de la Reuss montre les îles Lorelei destinées à la baignade. Le chantier de remblai est terminé depuis juin 2005, et la baignade et le surf sont depuis autorisés au lac d'Uri.

Divertimento e tutela della natura Il progetto "Seeschüttung" è ultimato. Come mostra la fotografia aerea, sono state create tre isole per coloro che cercano di rilassarsi tramite il nuoto nel lago, la cui qualità dell'acqua è molto elevata. Il vento offre anche ottime condizioni per il surf.

Morteratschgletscher
Ein mächtiger Riese zieht sich immer weiter zurück

Um 1900 Der Morteratschgletscher, ein mächtiger Gletscher mit ausgeprägter Zungenbildung und gewaltigen Seitenmoränen, ist der größte Gletscher der Berninagruppe in den Bündner Alpen. Wie viele weitere Schweizer Gletscher hat er in den letzten Jahren deutlich seine Größe verringert. Schon früh wurden Schweizer Forscher auf den Rückgang des Gletschers aufmerksam. Seit Beginn der Messungen im Jahr 1878 hat sich der überdurchschnittlich große und lange Gletscher, der aufgrund seiner enormen Ausdehnung auf kurzfristige Klimaänderungen sehr träge reagiert, nahezu ununterbrochen zurückgezogen. Bis 1991 hat er rund ein Fünftel seiner einstigen Ausdehnung von 19,4 Quadratkilometern verloren.

Le glacier de Morteratsch

Vers 1900 Le glacier de Morteratsch est le plus grand glacier de la chaîne de la Bernina, avec une pointe marquée et des moraines latérales énormes. Par rapport à 1878, sa superficie a nettement diminué, en particulier au cours des dernières années.

Il ghiacciaio di Morterats

1900 ca. Il ghiacciaio è il più grande del massiccio del Bernina, anche se le sue dimensioni sono andate riducendosi decisamente. Per via delle sue enormi dimensioni, il ghiacciaio ha reagito con inerzia ai cambiamenti climatici ma dal 1991 ha perso circa un quinto delle sue dimensioni di una volta.

Piz Bellavista 3921 m   Crastagüzza 3872 m   Piz Bernina 4052 m   Piz Morterats 3754 m

Opfer des Klimawandels Zahlreiche Wanderer gehen zum Morteratschgletscher bei Pontresina im Oberengadin an einem Schild vorbei, das den Stand der Gletscherzunge aus dem Jahr 1970 markiert. Der Weg von der Station Morteratsch zum Fuße des Morteratschgletschers im Berninagebiet wird Jahr für Jahr um einige Minuten länger, da der Gletscher immer kürzer wird. Wie bei allen Schweizer Gletschern schwinden auch die Eismassen des Morteratschgletschers dahin. Heute bedeckt er nur noch eine Fläche von rund 16 Quadratkilometern.

Victime du changement climatique De nombreux alpinistes qui se dirigent vers le glacier de Morteratsch passent devant le panneau indicateur du niveau de la pointe du glacier en 1970. Il est de plus en plus court, réduit chaque année en raison de la fonte des glaces.

Vittima del mutamento climatico Numerosi viaggiatori passano per la Pontresina per giungere al ghiacciaio di Morteratsch. La strada dalla stazione di Morteratsch è ogni anno più lunga di qualche minuto, perché il ghiacciaio è sempre più corto: attualmente copre una superficie di 16 kmq.

Großer Aletschgletscher
Naturwelterbe und Kunstkulisse

Um 1900 Der Aletschgletscher, der auf circa 4000 Meter Höhe in der Jungfrau-Region im Kanton Wallis beginnt, ist mit einer Länge von etwa 23 Kilometern der größte und längste Gletscher der Alpen. Drei mächtige Firnfelder, die durch Neuschnee und den ständigen Wechsel von Antauen und Gefrieren entstehen, fließen am Konkordiaplatz zusammen. An dieser Stelle ist die Eisdecke des Gletschers rund 900 Meter dick; insgesamt besteht der Aletschgletscher aus rund 27 Milliarden Tonnen Eis. Von der Gletscherzunge in 1560 Meter Höhe nehmen die Schmelzwasser ihren Weg in Richtung Rhônetal. Die Alpenregion Jungfrau-Aletsch-Bietschhorn wurde am 13. Dezember 2001 in die Liste des UNESCO-Welterbes aufgenommen. Im Jahr 2007 wurde das Weltnaturerbegebiet erweitert und umfasst nun den größten Gletscher Europas.

Le glacier d'Aletsch

Vers 1900 Le glacier d'Aletsch, situé à environ 4000 mètres d'altitude dans le massif de la Jungfrau, dans le canton du Valais, mesure 23 kilomètres de long. Il est le plus grand et le plus long des glaciers des Alpes. Sur la Konkordiaplatz, il mesure 900 mètres d'épaisseur.

Il grande Aletschgletscher

1900 ca. L'Aletschgletscher è il piu' grande ghiacciaio delle Alpi, con la sua massa di 27 tonnellate di ghiaccio. La Regione alpina Jungfrau-Aletsch-Bietschhorn è stata dichiarata patrimonio dell'umanità dall'UNESCO. Nel 2007 il ghiacciaio ha aumentato le sue dimensioni.

Der Gletscher als Kunstgegenstand Seit den letzten hundert Jahren hat der Aletschgletscher über zwei Kilometer seiner Gesamtlänge verloren. Um auf die globale Erwärmung und das fortschreitende Abschmelzen des Gletschers aufmerksam zu machen, wählte der amerikanische Künstler Spencer Tunick (* 1967) den Aletschgletscher stellvertretend für alle Gletscher als Kulisse eines seiner „Environments". Dabei setzte der Künstler am 18. August 2007 in Zusammenarbeit mit der Umweltorganisation Greenpeace 600 nackte Menschen für eine lebende Skulptur auf dem Aletschgletscher in Szene.

Le glacier en tant qu'objet d'art Depuis le siècle dernier, le glacier a perdu 2 kilomètres de sa longueur totale. Pour attirer l'attention sur l'importance du réchauffement de la planète, l'artiste américain Spencer Tunick y a photographié des personnes nues.

Il ghiacciaio come forma d'arte Negli ultimi secoli il ghiacciaio ha perso oltre 2 km delle sue dimensioni, a causa del surriscaldamento globale. L'artista americano Spencer Tunick nel 2007 scelse l'Aletschgletscher per la sua opera d'arte a tema ambientale, consistente in oltre 600 persone nude disposte su di esso.

Zermatt und das Matterhorn
Früher Burgergemeinde, heute bekanntester
Wintersportort der Schweiz

Um 1860 Am Fuß des Matterhorns lag zu dieser Zeit noch eine Streusiedlung,
die aus mehreren kleinen Weilern besteht. Drei von ihnen hatten sich bereits
1621 zu einer Ortschaft zusammengeschlossen. 170 Jahre später kam ein weiterer Weiler hinzu; damit war die Burgergemeinde Zermatt gegründet. 1864
erwarben die Burger ihr erstes Hotel. Bereits Ende des 19. Jahrhunderts kamen
in den Sommermonaten zahlreiche Urlaubsgäste nach Zermatt. Kein Wunder –
schließlich liegt Zermatt am Fuß des Matterhorns. Mit einer eindrucksvollen
Höhe von 4478 Metern ist „Ds Hore" nicht nur der höchste Schweizer Berg.
Damals wie heute ist dieser markante Gipfel eine echte sportliche Herausforderung für jeden Bergsteiger.

Zermatt et le Cervin
Vers 1860 À cette époque, plusieurs colonies étaient installées au pied du
Cervin et, dès 1621, trois d'entre elles se sont réunies pour former une commune. Un hameau s'y est ajouté, 170 ans plus tard, donnant naissance à la commune de Zermatt.

Zermatt e il Monte Cervino
1860 ca. Zermatt sorge ai piedi del Monte Cervino. Nel 1864 venne costruito
il primo Hotel e dalla fine del 19imo secolo la città accolse numerosi turisti.
Con i suoi 4478 il "Ds Hore" non è soltanto la più alta montagna svizzera, ma
anche un'importante sfida per ogni scalatore.

Fit für den Wintersport Mit dem Aufschwung des Tourismus Anfang des
20. Jahrhunderts wurde Zermatt zum Wintersportort. Die Burgerschaft baute
zahlreiche Hotels, Restaurants und Geschäfte. Da sich in der Region am Matterhorn weitere 29 Viertausender befinden, entstanden Berglifte für den Som-
mer- und Winterbetrieb. Zermatt, das heute rund 5600 Einwohner hat, bietet
das Dreifache an Gästebetten. Obwohl es heute über 100 Hotels im Ort gibt,
wurde die Gemeinde von größeren „Bausünden" verschont. Dass Zermatt das
Prädikat „Luftkurort" besitzt, hat seinen guten Grund: In Zermatt sind Autos
mit Verbrennungsmotoren nicht erlaubt. Wer fahren muss oder will, benutzt
Pferdetaxen oder Elektrofahrzeuge.

Prêt pour les sports d'hiver Avec l'essor du tourisme au début du XXᵉ siècle,
Zermatt est devenue une station de sports d'hiver équipée de nombreux hôtels,
restaurants et commerces. Elle a gardé toute sa spécificité et les automobiles
y sont interdites.

Rinomato per lo sport invernale Con lo sviluppo degli sport invernali, a Zermatt nacquero molti hotel, ristoranti, ed attività turistiche, ed oggi vi sorgono
più di 100 hotel. L'aria pura di Zermatt è preservata dal divieto di circolazione
per macchine con motore a combustione interna.

Hörnlihütte
Heute wie damals – Ausgangspunkt für die Matterhornbesteigung

November 1959 Bereits vor dem Bau der Hörnlihütte haben Bergsteiger den Weg bis zum Fuß des
Matterhorns erfolgreich bewältigt: So etwa im Jahr
1865, als der Brite Edward Whymper (1840–1911)
eine Expedition über den Hörnligrat zum Matterhorn leitete. Da es an der Stelle, wo später die
Hoernlihütte errichtet wurde, keine feste Unter-
kunft gab, mussten die Expeditionsteilnehmer in
Zelten übernachten. Im Jahr 1880 war es dann
so weit: Die Schutzhütte wurde am Nordostgrat
des Matterhorns vom schweizerischen Alpenclub,
Sektion Monte Rosa, gebaut; 1965 wurde sie
renoviert und erweitert. Heute ist die Hörnlihütte
die bekannteste Berghütte der Schweiz.

Le refuge Hörnli
Novembre 1959 Le chemin qui mène au pied
du Cervin était connu des alpinistes bien avant la
construction du refuge, en 1880, par une section
du club alpin suisse. Rénové et agrandi en 1965,
il est aujourd'hui le refuge le plus connu de Suisse.

Hörnlihütte
Novembre 1959 Nel 1865, il britannico Edward
Whymper condusse una spedizione sul Monte Cervino ma, non essendoci rifugi, gli scalatori dormi-
rono nelle tende. Nel 1880 il club alpino svizzero
costruì la Hönlihütte. Nel 1965 è stata rinnovata
ed è ora la più nota baita montana della Svizzera.

Nach der Modernisierung Für Bergsteiger und
Wanderer gehören Hörnlihütte und Matterhorn
zusammen. In 3260 Meter Höhe am Fuß des Matterhorns gelegen bietet die Hütte im Sommer
50 und im Winter 15 Betten. Seit 14 Jahren küm-
mert sich Bergführer Kurt Lauber um seine Gäste.
Dank der Bergbahn, die zum Schwarzsee auf 2583
Metern führt, hat sich der Aufstieg zur Hörnlihütte
von dort auf etwas mehr als zwei Stunden ver-
kürzt. Bergsteiger nähern sich auf ihrem Weg zur
Hütte einer erhabenen Landschaft mit echtem
alpinem Hochgebirgsflair, das von etlichen Vier-
tausendern geprägt ist.

Après sa modernisation Pour les alpinistes et
les randonneurs, le refuge Hörnli et le Cervin ne
font qu'un. Situé à 3260 mètres au pied du Cervin,
le refuge dispose de 50 lits en été et 15 en hiver.
Un téléphérique réduit la durée de la montée au
refuge.

Dopo la modernizzazione A 3260 mt d'altezza,
la baita offre 50 letti d'inverno e 15 d'estate.
Se ne occupa la guida alpina Kurt Lauber. Grazie
alla funivia, la salita dura poco più di due ore,
e durante il tragitto gli scalatori possono godere
il panorama montano.

Auf schmalen Holzbrettern ins Tal Der französische Skirennläufer Henri Oreiller (1925–1962) gewann am 2. Februar 1948 bei den Olympischen Winterspielen in St. Moritz den Abfahrtslauf der Herren in einer Zeit von 2:55,0 min. Die Abfahrtsstrecke führte über 3,5 Kilometer vom Piz Nair nach Ruinatsch.

Sur d'étroites planches de bois vers la vallée Le 2 février 1948, lors des jeux Olympiques d'hiver à Saint-Moritz, le skieur français Henri Oreiller remporte la descente homme de Piz Nair, à Ruinatsch, longue de 3,5 kilomètres, en 2 minutes 55 secondes.

A valle sopra gli sci Lo sciatore Henri Oreiller vinse nel 1948 le olimpiadi invernali a St. Moritz compiendo la discesa maschile in 2:55,0 minuti. Il percorso era lungo oltre 3,5 km.

Sportliche Höchstleistungen

Höher, schneller, weiter ... Fristet der Schweizer Fußball inmitten der großen europäischen Fußball-nationen vielleicht nur ein Außenseiterdasein, so setzt man hierzulande im Wintersport die beein-druckenderen Akzente: Sportstars wie Pirmin Zurbriggen, Sonja Nef, Paul Accola, Didier Cuche oder auch Skisprung-Doppelolympiasieger Simon Ammann lassen die Herzen der Sportfans höher schla-gen. Zudem ist die Schweiz Sitz zahlreicher internationaler Sportverbände wie etwa des IOC, der FIFA und der UEFA. Und natürlich bieten die Schweizer Alpen ein hervorragendes Gebiet für Bergsteiger. Zählt man nun noch die Erfolge in Tennis, Segeln und Eishockey hinzu, ergibt sich für die Schweiz das klare Bild einer Sportnation ersten Ranges.

Plus haut, plus vite, plus loin Le football suisse n'est pas au premier rang, mais des stars comme Zurbriggen ont fait battre très fort le cœur des fans de sports d'hiver. La Suisse abrite bon nombre d'associations sportives comme l'IOC, la FIFA et l'UEFA.

Più alto, più veloce, più lontano ... La nazionale di calcio non brilla in Europa, ma la Svizzera primeggia negli sport invernali. Inoltre, vi sono presenti numerose associazioni sportive come la IOC o la FIFA mentre le Alpi svizzere offrono un'eccellente meta per gli scalatori.

Basel – St. Jakob-Park
Das Joggeli wird stilsicher

1954 Das Foto zeigt das Basler St. Jakob-Stadion, im Volksmund liebevoll „Joggeli" genannt, während der WM 1954. Nach langen Verhandlungen wurde 1952 der Bau des Stadions von der eigens gegründeten Genossenschaft „Fußballstadion St. Jakob" beschlossen. Der Bau wurde in kürzester Zeit realisiert, sodass 1954 die Fußballweltmeisterschaft darin stattfinden konnte. Zu dieser Zeit bot es Platz für 52 000 Zuschauer. Das Stadion, das von der Infrastruktur primär auf Fußball ausgerichtet war, stieß nach einiger Zeit an seine Grenzen. Nach Umbauten bot es schließlich nur noch Platz für etwa 36 000 Stehplätze. Das Platzproblem verschlimmerte sich, nachdem es ab den 1980er-Jahren zunehmend auch für andere Großveranstaltungen, zum Beispiel Rockkonzerte, genutzt wurde. Der Ruf nach einem Neubau wurde laut.

Bâle – Le parc Saint-Jacques
1954 Vue sur le parc Saint-Jacques, pendant le Championnat du monde de football de 1954 pour lequel il a été construit en un temps record. Surnommé « Joggeli » par les Bâlois, le lieu qui pouvait contenir 52 000 spectateurs n'était pas assez grand.

Basilea – St. Jakob-Park
1954 Lo stadio venne costruito nel 1952 e nel 1954 si tennero i campionati mondiali di calcio. Esso disponeva di 52 000 posti che dopo la ricostruzione diminuirono a 36 000. Il problema dello spazio si fece sentire in altre occasioni, come per esempio concerti rock sicchè fu necessario ampliare la struttura.

Nicht nur Fußball Der Bau des neuen Stadions St. Jakob-Park, das von dem Basler Architektenduo Herzog & de Meuron entworfen wurde, dauerte nur zweieinhalb Jahre. Bei seiner Eröffnung am 15. März 2001 hatte das neue Stadion 31 500 Sitzplätze. Anlässlich der Fußball-Europameisterschaft 2008 wurde die Zahl der Sitzplätze auf 42 500 erweitert; damit ist der St. Jakob-Park das größte Fußballstadion in der Schweiz. Und nicht nur das: Es gilt auch als eines der schönsten multifunktionalen Stadien Europas. Heute finden dort nicht nur nationale und internationale Fußballspiele, sondern auch Großveranstaltungen wie Open-Air-Konzerte und Kinovorstellungen, Ausstellungen und Generalversammlungen statt.

Pas seulement du football La construction d'un nouveau stade de 42 500 places assises a duré deux ans et demi. Agrandi pour la Coupe d'Europe 2008, il est, entretemps, devenu le plus grand stade de Suisse qui abrite de nombreuses manifestations autres que celles de football.

Non soltanto per il calcio La costruzione del nuovo Stadio St. Jakob-Park richiese due anni e mezzo. Alla sua riapertura, esso disponeva di 42 500 posti, classificandosi come il più grande stadio della Svizzera. Esso ospita anche altri eventi come concerti o mostre cinematografiche.

FC Basel
Damals wie heute – eine Fußballmannschaft auf Erfolgskurs

31. März 1975 Der Basler Stürmer Ottmar Hitzfeld (2. von rechts) nimmt im Beisein seiner Mitspieler (von links nach rechts) René Hasler, Jörg Stohler, Goalie Marcel Kunz, Kapitän Karl Odermatt (verdeckt) und Walter Mundschin einen verdienten Schluck aus dem Pokal. In der Verlängerung hatte der FC Basel das Pokalendspiel gegen den FC Winterthur im Berner Wankdorf-Stadion mit 2 : 1 gewonnen. Der FC Basel, der am 15. November 1893 gegründet worden war, hatte seine erfolgreichste Zeit während der „Ära Benthaus" in den 1960er- und 1970er-Jahren. Unter ihrem deutschen Trainer Helmut Benthaus (* 1935) errang die Mannschaft, die von ihren Fans kurz „Eff Cee Bee" genannt wird, insgesamt sieben Meistertitel und feierte drei Pokalsiege.

Le FC Bâle

31 mars 1975 Le FC Bâle, fondé le 15 novembre 1893, remporte le match contre le FC Winterthour, par 2 à 1 pendant les prolongations. Le club a connu ses moments de gloire dans les années 1960–1970, sous la direction de l'entraîneur allemand Helmut Benthaus.

FC Basilea

31 Marzo 1975 La squadra vinse la partita di coppa di lega contro la FC Winterthur allo stadio Wankdorf di Berna per 2 - 1 ai supplementari. Essa fu fondata nel 1893 ed ebbe il suo periodo di massimo successo durante "l'era Benthaus", durante la quale vinse sette campionati e tre coppe di lega.

Die strahlenden Sieger Die Spieler und Offiziellen des FC Basel bejubeln am 28. Mai 2007 im Berner Stade-de-Suisse-Stadion den Sieg der Mannschaft im Schweizer Cup. In letzter Minute gewann der FC Basel das Cup-Spiel gegen den FC Luzern mit 1:0 und sicherte sich damit den achten Pokalsieg in der Vereinsgeschichte. Dieser Sieg war mehr als ein Trost für den FC Basel, der mit einem Rückstand auf den Erzrivalen FC Zürich in die Saison gestartet war.

Des vainqueurs rayonnants Le 28 mai 2007, les joueurs et les officiels du FC Bâle saluent par des cris de joie la victoire de leur équipe sur le FC Lucerne, par 1 à 0, lors de la Coupe de Suisse. C'était la huitième coupe de l'histoire du club.

I vincitori raggianti Il 28 maggio 2007 la FC Basilea ha festeggiato la vittoria della coppa svizzera contro la FC Zurigo nello Stadio Stade de Suisse a Berna per 1 - 0. La vittoria ha rappresentato la rivincita della squadra contro l'arcine-mica squadra di Zurigo.

FC Zürich
Seit Jahrzehnten wiederholt Schweizer Cupsieger und Meister

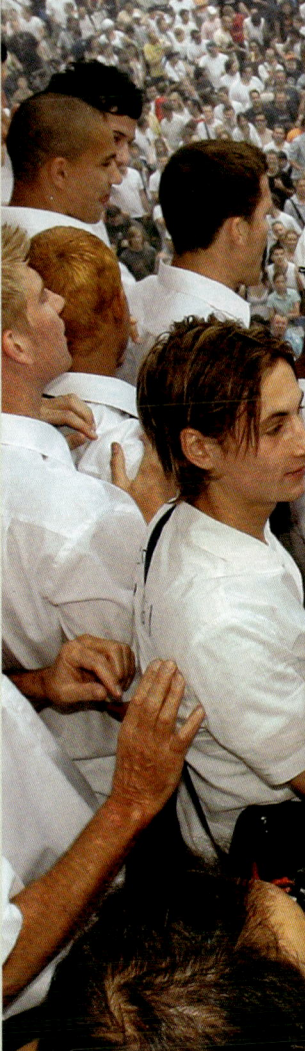

23. April 1973 Stolz hält der Kapitän des FC Zürich, Jakob „Köbi" Kuhn, den Sie-
gerpokal in die Höhe. Was für die Fans von Anfang an feststand, war eingetreten:
Der FC Zürich besiegte den FC Basel im Pokalfinale im Berner Wankdorfstadion
mit 2 : 0. Nach 90 torlosen Minuten ging das Spiel in die Verlängerung. Der Sieges-
treffer fiel kurz darauf in der 92. Minute, als der Auswechselspieler Peter Marti
ein Missverständnis in der Basler Abwehr nützte und das erste Tor schoss. Neun
Minuten später erzielte Fritz Künzli das zweite Tor für den FC Zürich, der damit den
Schweizer Cup zum vierten Mal gewann.

Le FC Zurich
23 avril 1973 Le capitaine du FC Zurich, Jakob « Köbi » Kuhn, soulève la coupe. Le
FC Zurich a battu le FC Bâle, 2 à 0, dans le stade du Wankdorf à Berne, lors de la finale
de la Coupe de Suisse. Le FC Zurich remporte alors la coupe pour la quatrième fois.

FC Zurigo
23 Aprile 1973 Lo FC Zurigo battè lo FC Basilea nella finale della coppa di lega per
2 - 0 ai supplementari nello stadio Wankdorf di Berna, conseguendo un obiettivo
che per i tifosi era già fissato. Al 92imo minuto Peter Marti segnò il primo goal e
nove minuti dopo Fritz Künzli fece il secondo.

Der elfte Meistertitel Am 26. Mai 2007 feierte der FC Zürich seinen elften Titel
als Schweizer Meister. Bei der Siegesfeier, zu der Tausende Fans auf den Zürcher
Helvetiaplatz gekommen waren, hält der Trainer des FC Zürich, Lucien Favre, den
Meisterpokal in die Höhe. Mit den Toren von Santos in der 42. und Margairaz in der
92. Minute besiegte der FC Zürich im ausverkauften Hardturm-Stadion den Lokal-
rivalen Grasshopper Club Zürich mit 2:0. Der FC Zürich, der am 1. August 1896
gegründet wurde, zählt neben dem FC Basel zu den bekanntesten und erfolgreichsten Fußballvereinen der Schweiz. Bereits 1902 errang der FC Zürich seinen ersten
Titel als Schweizer Meister.

Le onzième titre de champion de Suisse Le 26 mai 2007, l'entraîneur du FC
Zurich, Lucien Favre, fête avec son équipe son onzième titre de champion de Suisse.
Avec le FC Bâle, le FC Zurich fait partie des clubs de football les plus connus de
Suisse.

L'undicesimo scudetto Il 26 Maggio 2007 lo FC Zurigo festeggiò l'undicesima
vittoria di campionato, battendo il Grasshopper Club Zurigo per 2 - 0. La squadra,
fondata nel 1896, è assieme allo FC Basilea la più conosciuta e più forte squadra di
calcio della Svizzera.

Bern – Stadionuhr
Eine Uhr als Zeuge des „Wunders von Bern"

4. Juli 1954 Die Stadionuhr des Schweizer Uhrenherstellers Longines im Berner Wankdorf-Stadion zeigt die 1:0 Führung für Ungarn gegen Deutschland im Finale der Fußballweltmeisterschaft 1954. Bereits wenige Minuten später erzielte die ungarische Mannschaft das 2:0. Niemand der 60 000 Zuschauer ahnte zu diesem Zeitpunkt, dass die deutsche Fußballnationalmannschaft mit 3:2 das Spiel für sich entscheiden und als Titelträger vom Platz gehen würde. Dieses Spiel, heute als „Wunder von Bern" bekannt, löste im Nachkriegsdeutschland eine große Euphorie aus. Die Spieler und Bundestrainer Sepp Herberger (1897–1977) gingen als „Helden von Bern" in die deutsche Sportgeschichte ein.

Berne – L'horloge du stade
4 juillet 1954 L'horloge du stade du Wankdorf, à Berne, indique que la Hongrie mène 1 à 0 contre l'Allemagne. Personne n'imagine encore que, quelques minutes plus tard, l'Allemagne remportera la victoire par 3 à 2. C'est « le miracle de Berne ».

Berna – Stadionuhr
4 Luglio 1954 Lo "Stadionuhr", realizzato dagli orologiai Longines nello stadio Wankdorf di Berna, segna nella foto l'attuale 1-0 per l'Ungheria, nella partita contro la Germania, che si aggiudicherà la partita per 3-2 tra l'incredulità dei 60 000 spettatori. La partita diventerà nota come "la Meraviglia di Berna".

Neue Heimat Die Stadionuhr ist das Wahrzeichen des alten Wankdorf-Stadions. Weil sie
so berühmt ist, wurde die teils noch originale Uhr Anfang Dezember 2007 auf dem Platz vor
dem neu errichteten Berner Stade-de-Suisse-Stadion wieder aufgestellt. An der Einweihung
nahmen der Schweizer Sportminister Samuel Schmid, der Direktor des Uhrenherstellers Longines, Walter Kaenel, der Stadtammann von Bern, Alexander Tschaeppaet, und der Vorstands-
vorsitzende des Stade-de-Suisse-Stadions, Benno Oertig, teil (von links nach rechts). Noch bis
August 2008 zeigte die Uhr das Endergebnis des Finales der Fußballweltmeisterschaft 1954,
das 2 : 3 von Ungarn gegen Deutschland, an, und erinnerte damit an das „Wunder von Bern".

Nouvel emplacement L'horloge est devenue l'emblème de l'ancien stade du Wankdorf.
En décembre 2007, elle a été installée sur la place située devant le nouveau stade de Suisse
à Berne. Jusqu'en 2008, elle indiquait encore le score du « miracle » de 1954.

Nuova patria Lo "Stadionuhr" è il simbolo del vecchio stadio Wankdorf. Fu portato
nel Dicembre 2007 nella piazza davanti allo stadio Stade de Suisse. Fino all'Agosto 2008,
l'orologio riportava il risultato di 3 - 2 della partita tra Germania ed Ungheria del 1954.

Bern – Wankdorf-Stadion
Traditionsreiche Sportstätte erstrahlt im neuen Glanz

12. Juni 1954 Das erste Wankdorf-Stadion wurde am 18. Oktober 1925
eröffnet. Es bot den Zuschauern anfangs 22 000 Plätze; als im Jahr 1939 eine
Stehtribüne gebaut wurde, stieg die Zahl der Plätze auf 42 000. Anlässlich der
Fußballweltmeisterschaft im Juni 1954 war ein Neubau des Stadions notwen-
dig. Der Entwurf dazu stammte von den Architekten Virgilio Muzzulini und
Walter Haemmig. Nach dem Neubau hatte das Stadion offiziell eine Kapazität
von 64 000 Plätzen, die sich auf 56 000 Steh- und 8000 Sitzplätze verteilte.
Beim Endspiel der Weltmeisterschaft zwischen Deutschland und Ungarn, am
4. Juli 1954, in dem Deutschland sich den ersten WM-Titel sicherte, waren es
sicher einige Tausend Zuschauer mehr.

Berne – Le stade du Wankdorf
12 juin 1954 Le premier stade du Wankdorf a ouvert le 18 octobre 1925.
Sa rénovation était devenue incontournable pour accueillir la Coupe du Monde
de 1954. Le jour où l'Allemagne y a remporté sa première victoire, ses 64 000
places étaient largement occupées.

Berna – Lo stadio Wankdorf
12 Giugno 1954 Il primo stadio Wankdorf fu aperto nel 1925 ed aveva
22 000 posti; nel 1939 i posti vennero aumentati a 42 000. In occasione dei
campionati mondiali di calcio, lo stadio venne ampliato portando la capienza
a 64 000 posti.

Neubau zur EURO 2008 Im Jahr 2001 wurde das alte Wankdorf-Stadion, das inzwischen nicht nur baufällig, sondern auch zu klein geworden war, abgerissen. Zuletzt gab es dort nur noch 22 000 Plätze für die Zuschauer. Das im Hinblick auf die Europameisterschaft 2008 erbaute Stadion bekam nicht nur einen neuen Namen, „Stade de Suisse Wankdorf Bern"; es bietet auch Platz für circa 32 000 Zuschauer. Eine Besonderheit der Architektur ist das in das Stadiondach integrierte Sonnenkraftwerk, seine Solarzellen besitzen eine maximale Leistung von 850 kW. Es ist derzeit das größte Sonnenkraftwerk der Welt. Das „Stade de Suisse Wankdorf Bern", heute das Stadion des Berner Fußballvereins BSC Young Boys (JB), war eine von acht Austragungsstätten der Fußballeuropameisterschaft im Juni 2008.

Nouvelle construction pour l'EURO 2008 Devenu vétuste et trop petit, le stade du Wankdorf a été détruit et reconstruit. Le nouveau stade, qui porte le nom de stade de Suisse Wankdorf-Berne, dispose de 32 000 places et utilise l'énergie solaire pour ses équipements.

Ampliamento in vista di EURO 2008 Nel 2001 lo stadio era divenuto troppo piccolo. Lo stadio ricostruito in occasione dei campionati europei non ebbe soltanto un nuovo nome, "Stade de Suisse Wankdorf Bern", ma anche il soffitto munito del più grande impianto solare del mondo dell'epoca.

Davos – Spengler-Cup
Internationales Eishockey-Turnier mit langer Tradition

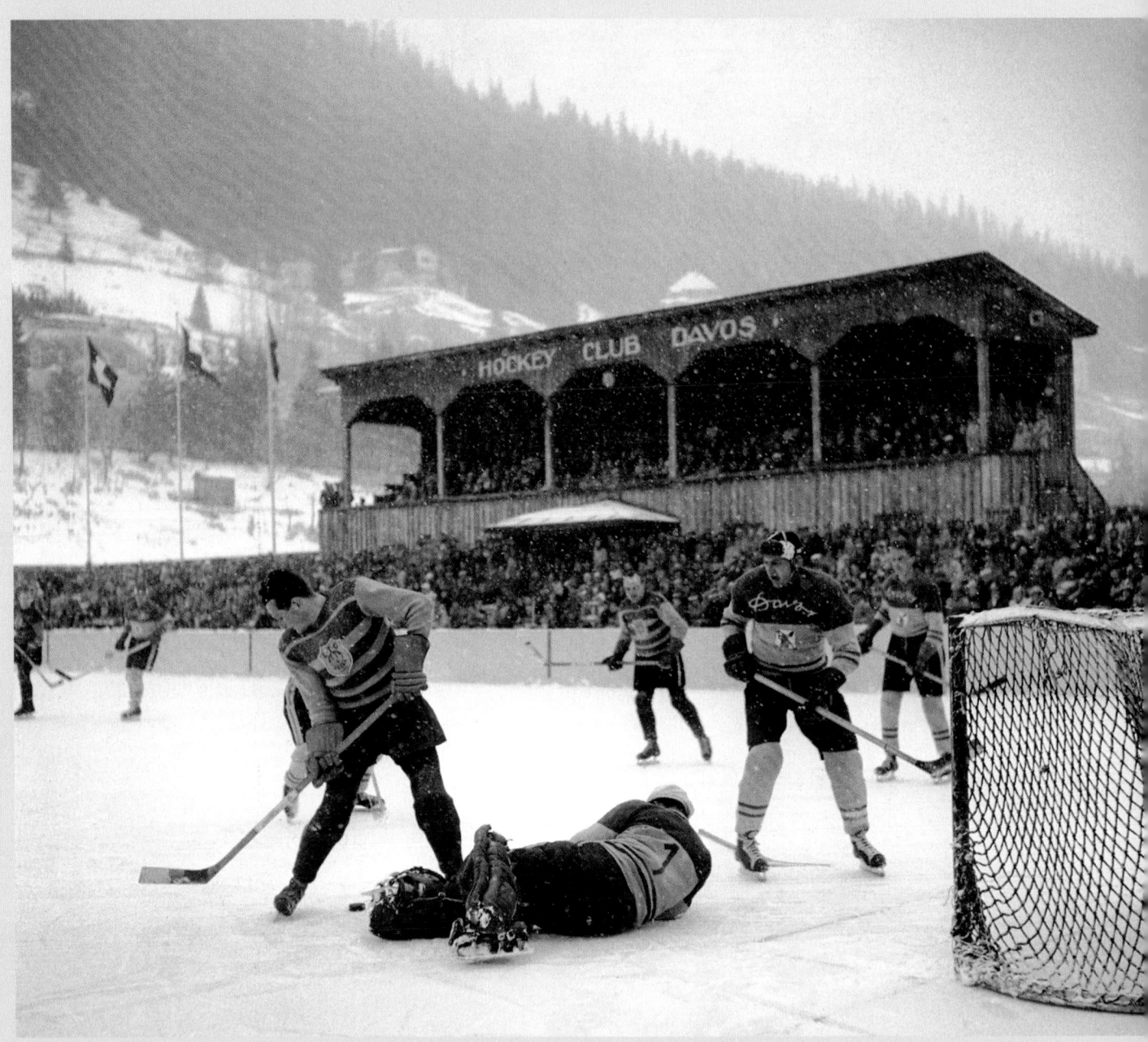

Dezember 1946 Erstmals nach dem Zweiten Weltkrieg konnte der Spengler-Cup wieder stattfinden. Im Schneegestöber spielte die Eishockeymannschaft HC Davos gegen die tschechische Mannschaft von LTC Prag im Davoser Eisstadion, wobei das Team des HC Davos verlor. Das Turnier, das nach seinem Gründer Dr. Carl Spengler (1860–1937), einem begeisterten Eishockey-Anhänger, benannt wurde, wird seit 1923 jedes Jahr zwischen dem Stephanstag und Silvester im Eisstadion von Davos ausgetragen. Dazu lädt der Gastgeber HC Davos die teilnehmenden Mannschaften aus der ganzen Welt ein.

Davos – La Coupe Spengler
Décembre 1946 La Coupe Spengler a lieu pour la première fois depuis la fin de la guerre. Depuis 1923, entre Noël et Nouvel An, elle se tient chaque année à la patinoire de Davos. Le HC Davos invite des équipes de hockey du monde entier à y participer.

Davos – La Spengler Cup
Dicembre 1946 Per la prima volta dopo la guerra si svolse la Spengler Cup. Lo HC Davos perse la partita contro la squadra ceca LTC Praga, che fu disputata durante una bufera, nello stadio di Davos. Il torneo viene disputato dal 1923 nel periodo tra Santo Stefano e Capodanno.

Millionenschweres Sportevent Das Foto vom 27. Dezember 2005 zeigt eine Szene, die während des 79. Spengler-Cups aufgenommen wurde: Florian Busch von den Eisbären Berlin erzielt das erste Tor und bringt seine Mannschaft gegen die russische Mannschaft von HC Metallurg Magnitogorsk in Führung. Der Spengler-Cup, der inzwischen auf eine über 80-jährige Tradition zurück-blicken kann, ist eine Institution in Davos: Das älteste internationale Eishockey-Mannschaftsturnier der Schweiz ist mit seinem Budget von circa 8,5 Millionen Schweizer Franken zugleich die zweitgrößte Sportveranstaltung des Landes.

Un évènement riche à millions Véritable institution, la Coupe Spengler est une tradition vieille de quatre-vingts ans. C'est le tournoi international de ho-ckey sur glace en équipe le plus ancien de Suisse et son budget dépasse les 8,5 millions de CHF.

Un evento che costa milioni Questa foto del 2005 mostra la partita della 79ima Spengler Cup tra gli "Eisbären" di Berlino e la squadra russa HC Metal-lurg Magnitogorsk. La Spengler Cup, che ha una tradizione risalente a più di ottant'anni, è con il suo budget di 8,5 milioni di franchi il più costoso evento sportivo della Svizzera.

St. Moritz – Skeleton
Vom Rodelspaß zur internationalen Wettkampfdisziplin

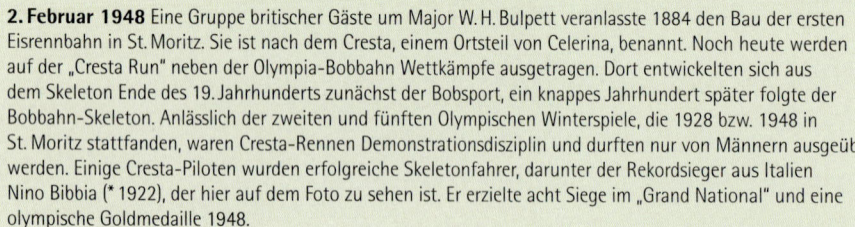

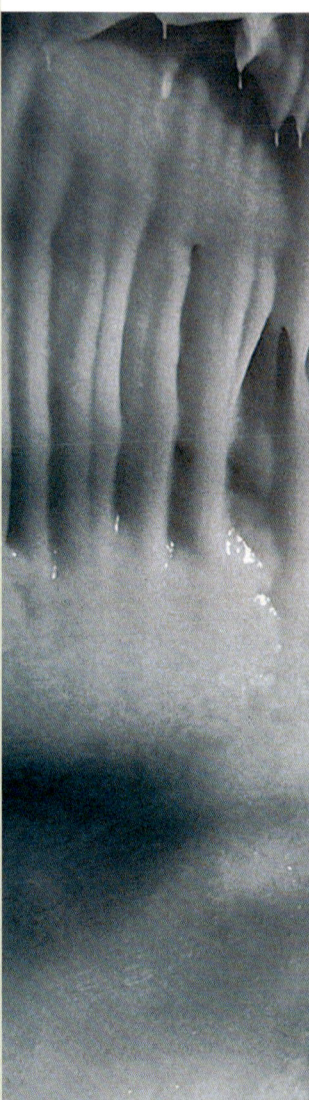

2. Februar 1948 Eine Gruppe britischer Gäste um Major W. H. Bulpett veranlasste 1884 den Bau der ersten
Eisrennbahn in St. Moritz. Sie ist nach dem Cresta, einem Ortsteil von Celerina, benannt. Noch heute werden
auf der „Cresta Run" neben der Olympia-Bobbahn Wettkämpfe ausgetragen. Dort entwickelten sich aus
dem Skeleton Ende des 19. Jahrhunderts zunächst der Bobsport, ein knappes Jahrhundert später folgte der
Bobbahn-Skeleton. Anlässlich der zweiten und fünften Olympischen Winterspiele, die 1928 bzw. 1948 in
St. Moritz stattfanden, waren Cresta-Rennen Demonstrationsdisziplin und durften nur von Männern ausgeübt
werden. Einige Cresta-Piloten wurden erfolgreiche Skeletonfahrer, darunter der Rekordsieger aus Italien
Nino Bibbia (* 1922), der hier auf dem Foto zu sehen ist. Er erzielte acht Siege im „Grand National" und eine
olympische Goldmedaille 1948.

Saint-Moritz – Le skeleton
2 février 1948 Première piste de bobsleigh, la Cresta Run a été construite en 1884 sur l'impulsion de touristes
anglais. Aujourd'hui, des compétitions s'y déroulent encore. C'est à partir du Skeleton que le bobsleigh s'est
développé, à la fin du XIXe siècle.

St. Moritz – Skeleton
2 Febbraio 1948 Un gruppo di ospiti britannici organizzò nel 1884 la prima gara su ghiaccio di St. Moritz,
nella zona di Cresta. Così venne inventato lo skeleton, che venne inserito come disciplina di dimonstrativa nella
seconda e quinta edizione dei giochi olimpici invernali, nel 1928 e nel 1948, e praticato soltanto da uomini.

Lebendige Tradition Skeleton, das wörtlich übersetzt Skelett bedeutet, bezeichnet sowohl die Sportart als auch den Schlitten. Obwohl der Schlitten, der einem Stahlskelett ähnelt, viel mit einem Rennrodel gemein hat, gehört der Skeletonsport zum Bobsport. Dabei haben Rennen auf der „Cresta Run" eine Besonderheit: Hier ist die Schlittenkonstruktion bis heute nur sehr eingeschränkt reglementiert. Im Unterschied dazu werden beim Bobbahn-Skeleton Schlittenlänge, Gesamthöhe und Gewicht des Schlittens genau vorgeschrieben. Jeder Pilot fährt in dem Wettbewerb auf der „Cresta Run" am selben Tag zwei Rennen. Übrigens wird bis heute in Erinnerung an die britischen Begründer dieser Sportart in St. Moritz am Elskanal traditionell Englisch gesprochen.

Une tradition vivante Le Skeleton, qui signifie squelette en anglais, désigne la discipline sportive et la luge en métal. Partie prenante du bobsleigh, sa construction est à ce jour très peu réglementée. Chaque pilote effectue deux courses sur la Cresta Run.

Una tradizione ancora viva Lo skeleton, così come lo slittino è rappresenta una disciplina sportiva. A differenza di altre gare, alla "Cresta Run", la costruzione delle slitte ha dei limiti severi. Ogni pilota può correre due volte nello stesso giorno. La competizione è regolamentata in inglese, in memoria degli inventori della disciplina.

St. Moritz – Bobsport
Bis heute Erfolge auf der Natureisbahn

Februar 1948 Am 30. Januar 1948 eröffnete Bundespräsident Enrico Celio (1889–1980) die 5. Olympischen Winterspiele in St. Moritz. An diesen ersten Spielen nach dem Zweiten Weltkrieg durften Deutschland und Japan nicht teilnehmen, die Sowjetunion verzichtete freiwillig auf die Teilnahme. Im Bobfahren fanden zwei Wettbewerbe im Zweier- und Viererbob mit jeweils vier Durchläufen statt. Der Austragungsort für diese Disziplin war der am 1. Januar 1904 mit einem Rennen eingeweihte Olympia Bobrun. Der Olympia Bobrun ist die älteste Bobnatureisbahn der Welt. Sie kommt bis heute als einzige Bobbahn ohne künstliche Vereisung aus.

St. Moritz – Le bobsleigh
Février 1948 Les 5e jeux Olympiques d'hiver ont lieu, après la guerre, à Saint-Moritz. Deux compétitions de bobsleigh à deux et à quatre se déroulent sur l'Olympia Bobrun, une piste, inaugurée en 1904, qui est la plus vieille piste naturelle du monde.

St. Moritz – Il bob
Febbraio 1948 Il 30 Gennaio 1948 si disputò la quinta edizione dei giochi olimpici invernali. Nella disciplina del bob vi sono due competizioni dove gareggiano bob a due e a quattro, ognuna con quattro discese a disposizione. Dal 1904 questa disciplina si disputa nella Olympia Bobrun.

Die Welt zu Gast 2007 fand die 57. Bob-Weltmeisterschaft in St. Moritz statt. Sie wurde erneut auf dem Olympia Bobrun ausgetragen. Obwohl sich Technik und Ausrüstung der Bobsportler während der letzten Jahrzehnte grundlegend verändert haben, ist der Verlauf der Moritzer Bobpiste fast gleichgeblieben. Dennoch gibt es eine wichtige Änderung: Weil die Schlitten immer schneller durch den Eiskanal flitzen, musste die Bremszone verlängert werden. Seit der Eröffnung wurden auf dem Olympia Bobrun 22 Weltmeisterschaften, viele Europameisterschaften und unzählige Weltcup-Rennen ausgetragen. Am 3. Februar 2007 holte der Viererbob Deutschland 1 mit André Lange, René Hoppe, Kevin Kuske und Martin Putze den Weltmeistertitel.

Le monde est invité La 57e Coupe du monde de bobsleigh a lieu en 2007, à Saint-Moritz, sur l'Olympia Bobrun. En raison des progrès techniques, la piste a été rallongée. Au total, 22 Coupes du monde et de nombreuses Coupes d'Europe y ont eu lieu.

Il mondo come ospite Nel 2007 il 57imo campionato mondiale di discesa col bob si è tenuto a St. Moritz. Nonostante l'equipaggiamento delle slitte sia cambiato, il percorso è rimasto invariato a parte l'allungamento della zona di frenata. Il 3 Febbraio 2007 si è aggiudicato il titolo mondiale di bob a quattro l'equipaggio tedesco.

St. Moritz – White Turf
Pferderennen auf Eis vor veränderter Kulisse

Winter 1937 Auf dem zugefrorenen kleinsten See der Engadiner Seenplatte, dem St. Moritzersee, findet seit 1907 an drei Sonntagen im Februar der White Turf statt. Dieser Wettbewerb, bei dem die bedeutendsten Pferderennen des europäischen Winterhalbjahres ausgetragen werden, ist ein sportliches Großereignis. Neben Galopp- und Trabrennen wird eine Weltexklusivität, das Skikjöring, veranstaltet. Dabei lassen sich waghalsige Männer und Frauen auf Skiern von unberittenen Vollblutpferden über eine 2700 Meter lange Strecke ziehen. Einige Gespanne erzielen dabei eine Höchstgeschwindigkeit von über 50 Stundenkilometern. Der zugefrorene See ist außerdem Austragungsort des Polo World Cup on Snow.

Saint-Moritz – Le White Turf
Hiver 1937 Chaque année depuis 1907, se déroulent en février des courses hippiques sur la glace du lac de Saint-Moritz. C'est un événement sportif très important qui se termine par une course, le Skikjöring, dans laquelle des skieurs sont tractés par des chevaux.

St. Moritz – Il White Turf
Inverno 1937 Nel 1907 venne inventata la disciplina del White Turf, una corsa di cavalli sul lago ghiacciato di St. Moritz. La competizione presenta un'esclusiva: lo skikjöring. In questa disciplina i fantini si lanciano a cavallo su un percorso di oltre 2700 mt ad una velocità di oltre 50 km/h.

Besonderes Flair Und wieder stieben 2003 beim 64. Grand Prix White Turf die Pferde auf der verschneiten Rennstrecke über den zugefrorenen St. Moritzersee. Inzwischen sind diese Rennen aus dem örtlichen Veranstaltungskalender nicht mehr wegzudenken. Sie gehören nicht nur zu St. Moritz; die Winterpferderennen sind ein Teil der schweizerischen Pferderenngeschichte. Die elegante Zeltstadt, die auf dem zugefrorenen See errichtet wird, bietet den circa 30 000 Zuschauern aus aller Welt vor der grandiosen Kulisse der Engadiner Bergwelt eine breite Auswahl kulinarischer Genüsse. Das White Turf, bei dem sich jedes Jahr Persönlichkeiten aus Politik, Kultur und Wirtschaft treffen, ist heute ein wichtiges gesellschaftliches Ereignis.

Un flair particulier En 2003, lors du 64e grand prix White Turf, les chevaux galopent sur la glace du lac de Saint-Moritz. Ces courses font désormais partie de Saint-Moritz, comme les quelque 30 000 spectateurs qui viennent y assister chaque année.

Un'atmosfera particolare Oggi il White Turf non è più un'esclusiva soltanto di St. Moritz, piuttosto una parte della storia delle corse di cavalli della Svizzera. La tendopoli che sorge sul lago ghiacciato ospita circa 30 000 spettatori. La competizione oggi è diventata un punto d'incontro di varie personalità.

Eiger–Nordwand
Immer noch eine Herausforderung

24. Juli 1938 Der Weg war schwer: Die Bergsteiger, die das schier Unmögliche wagten, waren erschöpft, aber überglücklich. Obwohl sie wussten, dass bereits acht Bergsteiger vor ihnen tödlich verunglückt waren, bestiegen die beiden Deutschen Andreas Heckmair (1906–2005) und Ludwig Vörg (1911–1941) sowie die Österreicher Heinrich Harrer (1912–2006) und Fritz Kasparek (1910–1954) am 24. Juli 1938 zum ersten Mal die Nordwand des Eiger in den Berner Alpen. Sie hatten sich nur wenige Tage zuvor für das „Unternehmen Nordwand" zu einer Seilschaft zusammengeschlossen. Weder Erfrierungen noch

Verletzungen hielten sie davon ab, den 3970 Meter hohen Gipfel zu erklimmen. Andreas Heckmair übernahm die Führung der Gruppe. Den Erfolg am Eiger verfolgten Filmteams und Journalisten aus aller Welt.

La face nord de l'Eiger
24 juillet 1938 Première ascension réussie de la face nord de l'Eiger, dans les Alpes bernoises, par les Allemands Heckmair et Vörg, et les Autrichiens Harrer et Kasparek. Auparavant, huit alpinistes avaient déjà trouvé la mort en tentant d'accéder à ce sommet.

Eiger – Parete nord
24 Luglio 1938 Nonostante otto prima di loro fossero morti nell'impresa, i quattro scalatori, due tedeschi e due austriaci, sfidarono l'impossibile e scalarono la parete nord dell'Eiger, alta 3970 mt. Si erano uniti pochi giorni prima in una cordata per l'"Impresa Nordwand".

Medienspektakel Am 10. September 1999 sah man im Deutschen und Schweizer Fernsehen ähnliche Bilder wie 1938 bei der Erstbesteigung der Eiger-Nordwand. Die drei Schweizer Evelyne Binsack (* 1967), Stephan Siegrist (* 1972) und Hansrüdi Gertsch (* 1966) sowie Ralf Dujmovits (* 1962) aus Bühl in Baden (von links nach rechts) posieren auf dem 3970 Meter hohen Gipfel des Eiger und lächeln. Nach einem zweitägigen Marathon durch die berüchtigte Eiger-Nordwand hatten die vier Bergsteiger vor laufenden Kameras den Gipfel erreicht. Jeder Schritt, jedes Straucheln, jeder Atemzug in der 1800 Meter

hohen Steilwand wurde von den Medien festgehalten. Doch anders als die Erstbesteiger, die bis zuletzt mit Schnee und Eis zu kämpfen hatten, konnte die Gruppe die letzten 100 Meter bei sonnigem Wetter zurücklegen.

Un spectacle médiatique Le 10 septembre 1999, les télévisions allemandes et suisses diffusent des images semblables à celles de 1938: quatre alpinistes ont réussi l'exploit en deux jours de marathon, filmés, tout au long de leur ascension, par les médias.

Uno spettacolo mediatico Nel Settembre 1999 un altro team raggiunse la vetta dell'Eiger, dopo una maratona di due giorni costantemente ripresa dai media. A differenza dei loro predecessori, che dovettero combattere neve e ghiaccio, il nuovo team scalò gli ultimi 100 mt con un tempo estivo.

Wengen – Lauberhornrennen
Ein Meilenstein und Großereignis im Skirennsport

1930er-Jahre Der gebürtige Wengener Ernst Gertsch (1900–1986) war ein Pionier des alpinen Skirennsports. Er rief das internationale Lauberhornrennen in Wengen ins Leben, das im Jahr 1930 zum ersten Mal ausgetragen wurde. Damals gingen Teilnehmer aus vier Nationen an den Start. Seitdem fand das Rennen – mit einer Ausnahme im Jahr 1933 – jedes Jahr statt. Das Lauberhornrennen ist eines der ältesten Skiabfahrtsrennen und gilt als Klassiker des Skiweltcups. Die Disziplinen, die am Lauberhorn ausgetragen werden, sind Abfahrt und Slalom. In den Anfangsjahren 1931 und 1932 holte sich der Schweizer Fritz Steuri (1898–1951) (oben im Bild) in der Abfahrt und in der Kombination den Sieg.

Wengen – Les courses du Lauberhorn
Dans les années 30 Ernst Gertsch, l'un des pionniers des courses de ski, est à l'origine des courses internationales du Lauberhorn, en 1930. Depuis, les compétitions ont lieu tous les ans, mis à part en 1933, et sont devenues des classiques du genre.

Wengen – La discesa di Lauberhorn
Anni '30 Ernst Gertsch fu un pioniere dello sci alpino che dette origine alla competizione internazionale del Lauberhorn nel 1930. Da allora, parteciparono concorrenti da quattro nazioni e la gara ebbe luogo annualmente, diventando un "classico" della coppa del mondo di sci. Oggi le discipline sono discesa e slalom.

Die längste Abfahrtsstrecke Zwischen Mönch, Eiger und Jungfrau liegt in reizvoller Landschaft die anspruchsvolle Abfahrtsstrecke des Lauberhornrennens. Besondere Hindernisse und Torpositionen, die Jahr für Jahr verändert werden, zeichnen diese Strecke aus. Am Haneggschuss erreichen Abfahrer heute Spitzengeschwindigkeiten von knapp 160 Stundenkilometern, wie hier auch der bereits schon zweimal siegreiche US-Athlet Bode Miller (* 1977). Mit viereinhalb Kilometern Länge ist die Abfahrt die längste Abfahrtsstrecke der FIS (Fédération Internationale de Ski). Mit bislang 27 Siegen sind die Schweizer Skirennfahrer die erfolgreichste Nation in der Statistik des Lauberhornrennens. Rund 30 000 Zuschauer sind jedes Jahr vor Ort, wenn die Abfahrer ins Tal rasen. Damit ist das Lauberhornrennen ein Großereignis im alpinen Skizirkus.

La plus longue descente Cette descente, longue de 4,5 kilomètres entre Mönch, la Jungfrau et l'Eiger, comporte des obstacles particuliers et des portes qui changent chaque année. Aujourd'hui, au Haneggschuss, la vitesse des skieurs atteint presque 160 km/h.

La discesa più lunga Il percorso si snoda tra ostacoli e salti. Nell'Haneggschuss i partecipanti raggiungono una velocità di salto di quasi 160 km/h, come il due volte vittorioso sciatore americano Bode Miller, nella foto. Circa 30 000 spettatori assistono ogni anno alla gara.

Mensch und Maschine arbeiten Hand in Hand Der weltweit größte Teilchenbeschleuniger des Atomforschungsinstitutes CERN wurde im September 2008 in Betrieb genommen. Der knapp 27 Kilometer lange Large Hadron Collider soll in Zukunft bei der Suche nach dem Higgs-Teilchen helfen und somit dem Rätsel um die Entstehung des Universums ein Stückchen näherkommen.

L'homme et la machine Le plus grand accélérateur de particules du monde, le Large Hadron Collider de l'Organisation européenne pour la recherche nucléaire, le CERN, a été mis en service en septembre 2008, en quête des origines de l'Univers.

Uomo e macchina fianco a fianco L'acceleratore di particelle più grande del mondo si trova al CERN, ed è stato messo in funzione nel Settembre 2008. E' lungo 27 km ed è di fondamentale ausilio nella ricerca sulla particella di Higgs, e su altri quesiti come la formazione dell'Universo.

Fortschritte in der Technik

Immer ihrer Zeit voraus Was mit Paracelsus begann und später Forscher wie Albert Einstein anzog, bildet heute das hervorragende Wissenschaftsklima der Schweiz. Über hundert Nobelpreisträger hat die kleine Nation bisher hervorgebracht und Forschungsinstitute von internationalem Rang wie das CERN haben hier ihren Sitz. Aber vor allem durch ihre Fortschritte im Tunnel- und Brückenbau sowie ihre Leistungen auf dem Gebiet des Schienenverkehrs hat sich die Schweiz einen Namen in der Technikgeschichte gesichert. Die Pünktlichkeit der Schweizer Züge ist mittlerweile schon sprichwörtlich und mit dem Gotthard-Basistunnel entsteht derzeit der künftig längste Tunnel der Welt.

Toujours en avance sur son temps Avec Paracelse et, plus tard, Albert Einstein, on sait le climat de la Suisse favorable à la science. Cette petite nation compte plus de 100 lauréats du prix Nobel et de nombreux instituts de recherche y ont leur siège.

Sempre avanti sui tempi La Svizzera ha sinora ospitato a più di cento premi Nobel e istituti di ricerca come il CERN hanno nella piccola nazione la loro sede. La Svizzera ricopre un ruolo primario soprattutto nella ricerca nella realizzazione di ponti, tunnel e ferrovie.

Flughafen Zürich-Kloten
Ein Flughafen entwickelt sich zu einem wichtigen internationalen Verkehrsknoten

März 1953 Die Aufnahme zeigt den Blick aus einem Flugzeug auf das neu errichtete Abfertigungsgebäude „Flughof" des Flughafens Zürich-Kloten. Mit der Eröffnung der Blindlandepiste wurde 1948 der provisorische Flugbetrieb aufgenommen. Am 8. April 1953 wurde das Passagierterminal bezogen und der Flughof mit einer Frontlänge von rund 200 Metern in Betrieb genommen. Rund vier Monate später fand eine dreitägige Eröffnungsfeier mit einer großen Flugshow statt. Der zehn Millionen Franken teure Bau galt damals als modernste Flugabfertigungsanlage Europas.

L'aéroport Zurich-Kloten
Mars 1953 Vue sur le nouveau terminal pour passagers de l'aéroport. Après l'ouverture de la première piste d'atterrissage en 1948, ce coûteux terminal long de 200 mètres, décrété dès lors le plus moderne d'Europe, est mis en service le 8 avril 1953.

Aeroporto di Zurigo-Kloten
Marzo 1963 Con l'apertura nel 1948 della Blindlandepiste, venne avviata l'attività provvisoria dell'aeroporto. Nel 1953 venne collegato il terminal passeggeri, avviando a pieno regime la struttura aeroportuale, che è oggi la più moderna d'Europa.

Luftverkehrsdrehkreuz der Schweiz 2006 war ein bedeutendes Jahr für den Flughafen Zürich-Kloten. Er bekam viele Preise, darunter eine Auszeichnung für den besten Gepäcktransportservice in Europa und den World Travel Award als bester europäischer Flughafen. In einer Passagierumfrage wurde er als achtbester Flughafen der Welt ausgezeichnet. Aufgrund seiner Nähe zum Zürcher Stadtzentrum, das nur rund elf Kilometer entfernt liegt, und seiner guten Anbindung an das Bahnnetz der SBB ist er mit dem Auto oder der S-Bahn in kürzester Zeit zu erreichen. Seit seiner Eröffnung hat der Flughafen immer wieder bauliche Veränderungen erfahren. Heute verfügt er über drei Start- und Landebahnen. 24 000 Flughafenbeschäftigte sorgen dafür, dass Jahr für Jahr rund 20 Millionen Flugpassagiere von Zürich-Kloten aus 120 Destinationen auf der ganzen Welt erreichen.

La plaque tournante aérienne de la Suisse L'aéroport Zurich-Kloten a reçu de nombreux prix en 2006. Il est considéré par les passagers comme l'un des huit meilleurs aéroports du monde en raison de ses liaisons avec le centre-ville, les gares ferroviaires et autres transports.

Snodo svizzero del traffico aereo Nel 2006 l'aeroporto ricevette molte onoreficienze. Inoltre, grazie alla sua vicinanza alla città è facilmente raggiungibile in auto o treno. I 24 000 impiegati si prendono cura dei circa 20 milioni di passeggeri che annualmente volano per 120 diverse destinazioni da Zurigo-Kloten.

August 1953 Ein Fluglotse im Kontrollraum des neu gegründeten Zürcher Flughafens Kloten übermittelt Signale mit einer Lichtkanone an ein anfliegendes Flugzeug. Lichtkanonen werden, allerdings in modernerer Form, auch heute noch zur Signalübermittlung auf kleineren Flugplätzen wie zum Beispiel auf Sportflugplätzen eingesetzt. Mit dem Gerät kann der Fluglotse bei Funkstörungen oder für die Kommunikation mit Flugzeugen ohne Funk dem Piloten vom Boden aus Start- und Landesignale übermitteln. Hierzu existiert eine Signalsprache, bestehend aus den Lichtfarben Weiß, Grün und Rot sowie blinkenden und durchgehenden Lichtsignalen.

Zurich – La salle de contrôle de l'aéroport
Août 1953 Un contrôleur de la navigation aérienne du nouvel aéroport de Zurich-Kloten transmet des signaux à un avion désirant atterrir, au moyen d'un maser optique. Ces appareils permettent d'établir une communication en cas de panne radio.

Zurigo – Torre di controllo dell'aeroporto
Agosto 1953 Nella foto, un controllore di volo trasmette segnali luminosi ad un aereo in volo. I trasmettitori di segnali luminosi vengono ancora oggi utilizzati in piccole aree di volo. Esiste a questo scopo un codice di segnali luminosi, composto da luci bianche, verdi e rosse, continue o intermittenti.

Im neuen Kontrollraum Auf dem Tower des Flughafens Zürich-Kloten beobachtet ein Fluglotse der Schweizer Flugsicherungsgesellschaft Skyguide mit dem Fernglas den Flugverkehr. Der Arbeitsplatz der Fluglotsen und die Instrumente zur Flugbeobachtung haben sich seit 1953 stark verändert. So wurde beispielsweise der erste Rundsichtradar erst im Dezember 1954 in Betrieb genommen. Obwohl der Kontrollraum des ACC Zürich-Kloten heute mit vielen Radarschirmen und dem Kollisionswarnsystem TCAS ausgestattet ist, kann auf die Arbeit der Fluglotsen nicht verzichtet werden. Als Anfang 2001 die bis dahin getrennte zivile und militärische Flugsicherung der Schweiz zusammengelegt wurden, wurde ihre Vorgängergesellschaft Swisscontrol in die heutige Aktiengesellschaft Skyguide umfirmiert.

Dans la nouvelle salle de contrôle Dans la tour de contrôle de l'aéroport, un aiguilleur du ciel de la société de sécurité aérienne Skyguide observe à la jumelle le trafic aérien. Les instruments dont il dispose ont beaucoup changé depuis 1953.

Nella nuova torre di controllo Nonostante la torre di controllo sia ora equipaggiata con attrezzature sofisticate, il lavoro dei controllori di volo rimane fondamentale. Nel 2001 la sicurezza sul traffico aereo militare e civile è stata unificata, e così la vecchia società Swisscontroll è ora una società per azioni: la Skyguide.

Biel – Swatch AG
Eine Schweizer Uhr erobert die Welt

September 1985 Mit der Kreation einer verspielt-bunten Plastikuhr namens Swatch rettete das Schweizer Marketingtalent Nicolas C. Hayek (* 1928) die Schweizer Uhrenindustrie. Die erste Swatch wurde am 1. März 1983 in Zürich vorge-stellt und stieß zunächst auf Ablehnung. Von der „unmöglichen Plastikuhr" erschienen ab Herbst 1983 zwölf Modelle für einen einheitlichen Preis von 50 Franken. Doch schon kurz darauf folgte der Siegeszug der Swatch: 1985 wurde nicht nur die Swatch AG mit Sitz in Biel gegründet, es wurde auch die zehnmillionste Swatch-Uhr produziert. In einem feierlichen Akt wurde dieses Exemplar dem Bundesrat und Wirtschaftsminister Kurt Furgler (1924–2008; links im Bild) im Beisein des Swatch-Vaters Nicolas Hayek, rechts, und Pierre Arnold (1921–2007), Mitte, überreicht.

Bienne – Swatch S.A.
Septembre 1985 Le talent du Suisse Nicolas Hayek sauve l'industrie horlogère suisse lors de la création d'une montre rigolote, en plastique multi-colore, du nom de Swatch. Après un manque d'in-térêt de la clientèle à son lancement, le succès de la petite montre à 50 CHF ne connaît plus de limites.

Biel – Società per azioni Swatch
Settembre 1985 Il primo Swatch venne prodotto nel 1983 ma non riscosse un grande successo. Nell'autunno dello stesso anno uscirono 12 modelli dell' "impossibile orologio di plastica" e poco dopo cominciò la fortuna degli Swatch. Nel 1985, l'anno di fondazione della Swatch AG, se ne produssero 10 milioni.

Die Plastikuhr wird 25 Nach ihrem Durchbruch hat sich die Swatch, deren Namen als Abkürzung für „second watch" steht, zur erfolgreichsten Armbanduhr aller Zeiten entwickelt. Das Swatch-Sortiment umfasst heute nicht nur poppige Plastikuhren, sondern auch edle und sportliche Modelle mit Metallgehäuse oder Chronografen. Zahlreiche bekannte Künstler, darunter Andy War-hol (1928–1987), Kiki Picasso (* 1956), der Fotograf Helmut Newton (1920–2004) und der Musiker Phil Collins (* 1951) gestalteten Sondermodelle. Ein Grund mehr, warum die Uhr zum Sammel- und Kunstobjekt avancierte. Anfang September 2008 wurde die Kultuhr 25 Jahre alt und ihr Jubiläum in Bregenz gefeiert. Für die Zukunft hat sich das Unternehmen ein ehrgeiziges Ziel gesetzt: 1111 Millionen Swatch-Uhren sollen bis ins Jahr 2013 verkauft werden.

La montre en plastique a 25 ans Après sa percée, la Swatch demeure le plus grand succès de tous les temps et de nombreux artistes célèbres en dessinent des modèles d'éditions spéciales. Cet objet culte et de collection a fêté ses 25 ans en septembre 2008.

L'orologio di plastica compie 25 anni L'assor-timento degli Swatch non comprende più solo oro-logi di plastica per ragazzi ma anche modelli in metallo. Molte celebrità hanno un modello specia-le. Nel 2008 lo Swatch ha festeggiato il 25imo compleanno; si prevede che entro il 2013 verrano venduti 1111 milioni di Swatch.

Büel – Sunnibergbrücke
Eine Umfahrung wird gebaut und eröffnet

April 1998 Mit der Umfahrung Klosters wurde das größte Straßenbauprojekt der letzten Jahrzehnte im Kanton Graubünden realisiert. Die Sunniberg-brücke ist Teil dieser Umfahrungsstrecke. Dabei wird hoch über Klosters der Durchgangsverkehr nach der Fahrt durch den Gotschnatunnel in Richtung Davos umgeleitet. Da aus Umweltschutzgründen die Zufahrt für den Bau des Gotschnatunnels nicht über das bestehende Straßennetz erfolgen durfte, kam der Errichtung der Sunnibergbrücke höchste Dringlichkeit zu. Der Spatenstich für die Schrägseilbrücke fand am 24. August 1995 statt. Obwohl die eigentliche Bauzeit nur zweieinhalb Jahre betrug, wurde die 6,5 Kilometer lange Sunni-bergbrücke erst am 9. Dezember 2005 eröffnet. Insgesamt waren 598 Firmen an dem Projekt beteiligt, dessen Großprojektierung 30 Jahre dauerte.

Büel – Le pont du Sunniberg
Avril 1998 Le plus grand projet de construction routière des dernières décen-nies a été réalisé dans le canton des Grisons. Ce pont, long de 6,5 kilomètres, permet de contourner Klosters. Sa construction a débuté le 24 août 1995 pour se terminer deux ans plus tard.

Büel – Il ponte di Sunniberg
Aprile 1998 Il ponte di Sunniberg è una parte del percorso della circonvalla-zione di Kloster, costruita per diminuire la densità del traffico verso Davos. La prima pietra per la costruzione del ponte venne posta il 24 Agosto 1995. Nonostante i lavori durarono 2 anni e mezzo, il ponte venne aperto al pubblico solo nel 2005.

Ein Bauwerk mit vielen Facetten Nicht nur der Autoverkehr nach Davos oder zum Vereinahof profitiert von der neuen Brücke, auch die Bürger von Klosters können aufatmen, da der Ort durch die Brücke vom Durchgangsverkehr entlastet wurde. Dabei ist die Brücke viel mehr als ein Zweckbau: Die Sunnibergbrücke, die die Handschrift ihres Planers, des Schweizer ETH-Professors Christian Menn (* 1927) trägt, gilt als ein Dokument moderner Brückenbaukunst. Auch im Sport spielt die Brücke eine Rolle: Am 28. Juli 2007 starteten die Athleten des 22. Schweizer Alpin-Marathons von der Sunnibergbrücke.

Un édifice avec de nombreuses facettes Ce pont qui facilite la circulation vers Davos profite à Klosters où la circulation s'est fluidifiée. C'est un monument d'architecture moderne qui porte la signature de Christian Menn.

Un'opera pubblica dalle mille sfaccettature Non solo gli automobilisti si rendono conto dell'alleggerimento del traffico ma anche i cittadini di Kloster. Sul Sunnibergbrücke, che rappresenta un monumento di ingegneria dei ponti, si è tenuta nel 2007 la 22ima maratona alpina della Svizzera.

Sustenpass
Schönste Alpenstraße der Schweiz

Um 1930 Die Aufnahme erinnert an die Bergidylle des Kinderromans „Heidi"
der Schweizer Schriftstellerin Johanna Spyri (1827–1901): Der Sustenpass
verbindet Innertkirchen, im Kanton Bern gelegen, mit Wassen im Kanton Uri.
Die Strecke bis zur Passhöhe auf 2224 Metern ist 45 Kilometer lang. Im Hintergrund der Aufnahme sind der Steinsee und das Gwächtenhorn zu sehen. Die
Passstraße wurde während des Zweiten Weltkrieges gebaut und konnte ab
1945 befahren werden. In Anspielung auf die schwierigen Zeitumstände lautet
die Inschrift an der Passhöhe: „In schwerer Zeit dem Frieden geweiht."

Le col du Susten

Vers 1930 La photographie rappelle le roman pour enfants *Heidi*. Le col du
Susten relie Innertkirchen, dans le canton de Berne, à Wassen, dans le
canton d'Uri. Le col, long de 45 kilomètres, culmine à 2224 mètres d'altitude.
L'édification de la route qui le parcourt a été terminée en 1945.

Passo di Susten

Attorno al 1930 Il passo collega Irrentkirchen a Wassen. Il percorso fino
all'altezza del passo di 2224 mt è di 45 km. Fu costruito durante la seconda
guerra mondiale e venne percorso dal 1945. Come allusione alle condizioni
del periodo, c'è un'iscrizione sulla cima che recita: "In tempi difficili sia bene-
detta la pace".

Paradies für Naturfreunde Der Sustenpass ist für jeden, der ihn – egal ob mit dem Velo, Motorrad oder Auto – befährt, eine echte Herausforderung. Doch die reizvolle Landschaft entschädigt für die anspruchsvolle Strecke. Der steile, von zahlreichen Serpentinen gesäumte Weg zur Passhöhe führt über 26 Brücken und ebenso viele Tunnels. Der Sustenpass, der als „schwerer Alpenpass" gilt, ist ein Streckenabschnitt des Radmarathons Alpenbrevet. Darüber hinaus ist er Ausgangspunkt der beliebten Fernwanderroute Alpenkranz Uri. Im Winter, d. h. von November bis Mai, ist der Sustenpass für den Verkehr gesperrt.

Un paradis pour les amis de la nature Avec 26 ponts et autant de tunnels, le col du Susten est un défi pour tous ceux qui veulent le franchir, motocyclistes, cyclistes ou automobilistes. Mais la beauté de son paysage récompense de tous les efforts.

Un paradiso per gli amanti della natura Le difficoltà del passo sono ripagate dal panorama incantevole. Il passo, conosciuto anche come "il più arduo passo delle Alpi", fa parte del percorso della Maratona per il brevetto alpino. D'inverno il traffico è proibito.

Gotthardtunnel
Bis heute eine Hauptstrecke für den Alpen-Güterverkehr

Um 1908 Im Mai 1882 wurde der Gotthardtunnel nach einer Bauzeit von zehn Jahren mit einem dreitägigen Festakt feierlich eingeweiht. Am 1. Juni nahm der Zugverkehr durch den Eisenbahntunnel seinen fahrplanmäßigen Betrieb auf. Zu diesem Zeitpunkt war die Tunnelröhre mit 15 Kilometern die längste der Welt. Der Tunnel, der unter dem St. Gotthard-Pass durch das Schweizer Gotthardmassiv verläuft, verbindet den Schweizer Ort Göschenen mit dem italienischen Airolo. Der Bau des Tunnels forderte viele Opfer. Zu ihrem Gedenken wurde während der 50. Jahresfeier im Jahr 1932 ein Denkmal an der Südausfahrt des Bahnhofs in Airolo aufgestellt, das der Künstler Vincenzo Vela (1820–1891) geschaffen hatte.

Le tunnel du Saint-Gothard
Vers 1908 Après 10 ans de construction, le tunnel du Saint-Gothard a été inauguré en mai 1882 et la circulation des trains y a démarré le 1er juin. Son tunnel de 15 kilomètres était alors le plus long du monde, qui reliait Göschenen, en Suisse, à Airolo, en Italie.

Tunnel del Gottardo
Attorno al 1908 Il tunnel venne inaugurato nel Maggio del 1882 e a Giugno incominciò il suo transito. La costruzione del tunnel, che collega Göschenen con l'italiana Airolo, costò molte vite umane. Nel 1932 venne costruito alla loro memoria un monumento presso l'uscita sud della stazione di Airolo.

Die zweite Bauphase Der Gotthardtunnel, der häufig auch Gotthard-Schei-
teltunnel genannt wird, wurde schon bald nach seiner Eröffnung an den meis-
ten Stellen doppelgleisig ausgebaut. Bis 1922 war die Tunnelröhre vollständig
elektrifiziert. Damit die Züge schneller abgefertigt werden konnten, wurde
1960 ein weiterer Tunneleingang (links im Bild) erstellt, der bereits nach
80 Metern in die Hauptröhre übergeht. Nach neun Kilometern erreicht der Zug
seinen Scheitelpunkt auf 1151 Metern und verlässt zugleich den Kanton Uri
(Deutschschweiz), um in den Kanton Tessin (Italienische Schweiz) einzufahren.

Deuxième phase de construction Peu après son ouverture, une double voie
a été installée dans la plus grande partie du tunnel. En 1922, l'électrification
était terminée. En 1960, une deuxième entrée a été construite pour accélérer le
passage des trains.

La seconda fase di costruzione Il tunnel del Gottardo è stato costruito a
doppio binario. Fino al 1922 era inoltre completamente elettrificato. Nel 1960
è stata aggiunta un'altra entrata al tunnel per velocizzare il transito dei treni.
I treni raggiungono il suo punto culminante dopo nove km, a 1151 mt.

Albulatunnel
Streckenpunkt des Glacier Express und UNESCO-Weltkulturerbe

1903 Nach dem erfolgreichen Abschluss ihrer Arbeit stellt sich die Bohr- und Vermessungsequipe gut gelaunt am Südportal des 5865 Meter langen Albula-tunnels zum Gruppenfoto auf: Am 1. Juli 1903 wurde der Tunnel – eine echte Pionierleistung – nach fünfjähriger Bauzeit feierlich eröffnet. Das Bauwerk verbindet in gerader Linie das Hochtal von Preda im Kanton Graubünden und das Val Bever im Kanton Engadin. Der Tunnel unterquert den Albulapass und bildet eine Wasserscheide zwischen Rhein und Donau. 105 Jahre nach seiner Eröffnung gab es erneut Grund zum Feiern: Am 7. Juli 2008 wurde die Bahn-linie Albula/Bernina als Kulturdenkmal in die Welterbeliste der UNESCO aufge-nommen.

Le tunnel de l'Albula
1903 Photo de groupe à la porte sud, après l'achèvement de la construction du tunnel de l'Albula, long de 5 865 mètres. Ce tunnel ferroviaire a été ouvert à la circulation le 1er juillet 1903, après cinq années seulement de travaux.

Tunnel dell'Albula
1903 Il primo Luglio il tunnel venne aperto dopo quindici anni di lavoro. Esso collegava la valle di Preda alla val Bever, attraversando il passo dell'Albula tra il Reno e il Danubio. Il 7 Luglio 2008 la linea ferroviaria Albula/Bernina è diventata un monumento tutelato dall'UNESCO.

Ein Eisenbahnerlebnis rund ums ganze Jahr Der Glacier-Express, der
von der Rhätischen Bahn (RhB) und der Matterhorn-Gotthard-Bahn betrieben
wird, verbindet seit dem 25. Juni 1930 die Fremdenverkehrsmetropolen St. Moritz und Zermatt. Die Durchfahrt durch den weltberühmten Albulatunnel bei
Spinas in Richtung Preda ist einer der großen Höhepunkte der Strecke. Nachdem die Furka-Bergstrecke wintersicher ausgebaut wurde, kann sie seit dem
26. Juni 1982 ganzjährig mit dem Glacier-Express befahren werden. Modernste
Eisenbahntechnologie, atemberaubende Ausblicke aus dem Panoramawagen
und der komfortable Service im Zug machen die Fahrt auf der höchstgelege-
nen Alpentransversale Europas zu einem einzigartigen Erlebnis.

Une expérience ferroviaire toute l'année Le Glacier Express relie, depuis le
25 juin 1930, les villes de Saint-Moritz et de Zermatt. Le tunnel de l'Albula est
l'un des temps forts de ce chemin de fer rhétique qui, depuis juin 1982, circule
aussi en hiver.

Un'esperienza ferroviaria per tutto l'anno Il "Glacier Express" collega dal
1930 St. Moritz e Zermatt, attraverso un tragitto con momenti emozionanti
come il passaggio presso Spinas o sul Furka-Bergstrecke. Le più moderne tec-
nologie ferroviarie e i panorami mozzafiato trasformano questo viaggio tra le
Alpi in un'esperienza unica.

Landwasser–Viadukt
Damals wie heute – eine bautechnische Meisterleistung

Um 1900 Der imposante Landwasserviadukt im Kanton Graubünden, ein Teil-
stück der berühmten Albulabahn, ist das Wahrzeichen der Rhätischen Bahn
(RhB). Nach einer Bauzeit von nur 13 Monaten konnte der erste Dampfzug im
Jahr 1902 die Brücke überqueren. Sie besteht aus fünf gemauerten Kalkstein-
bögen, die die Landwasser, einen Wildbach, überqueren. In einer Höhe von
65 Metern und mit einer Länge von 136 Metern verbindet sie zwei Tunnels. Für
Reisende ist der Moment, in dem der Zug in den Landwassertunnel einfährt,
besonders beeindruckend.

Le viaduc de Landwasser
Vers 1900 Cet imposant viaduc qui traverse la Landwasser fait partie de la
voie ferrée de l'Albula. Il mesure 65 mètres de haut pour 136 mètres de long et
relie deux tunnels. Sa construction a duré 13 mois et le premier train à vapeur
l'a traversé en 1902.

Landwasser: il viadotto
Ca. 1900 Questo viadotto è l'emblema della Rhätische Bahn. Fu attraversato
dal primo treno a vapore nel 1902. Con un'altezza di 65 mt e una lunghezza
di 136 mt, collega due tunnel. Il transito sopra il viadotto è per i passeggeri un
momento molto emozionante.

Höhepunkt der Glacier-Express-Strecke Am 25. Juni 1930, um 7.30 Uhr, startete in Zermatt der erste Glacier-Express mit 70 Gästen und erreichte nach elf Stunden St. Moritz. Der Meterspurzug fährt auf seiner Reise über 291 Brücken und durch 91 Tunnels. Bis 1981 musste der Glacier-Express die Bergstrecke Oberwald-Realp durchfahren, was nur während der vier Sommermonate Juni bis September möglich war. Seit der Eröffnung des Furka-Basistunnels 1982 kann die Strecke von Zermatt bis St. Moritz nun ganzjährig befahren werden. Eine Fahrt im Glacier-Express mit seinem erstklassigen Service, Mittag-

essen am Platz und einem Audioprogramm, das den Reiseverlauf in sechs Sprachen erläutert, ist für jeden Eisenbahnfreund ein einzigartiges Erlebnis.

Le plus beau moment du parcours du Glacier Express Le 25 juin 1930, à 7 h 30 à Zermatt, le premier Glacier Express se met en route avec 70 passagers à son bord. Il atteint Saint-Moritz après 11 heures de voyage au cours duquel il a traversé 291 ponts et 91 tunnels.

Il culmine del percorso del "Glacier Express" Dal 1981 il Glacier Express poteva attraversare il tratto di Oberwald-Realp solo d'estate ma, dopo l'apertura del tunnel Furka-Basis nel 1982, il tragitto Zermatt-St. Moritz divenne percorribile sempre. Il viaggio sul Glacier Express, con tutti i suoi comfort, è sempre un'esperienza piacevole.

Lötschberg–Basistunnel
Ein Tunnel geht mit der Zeit

21. Januar 2001 Der Lötschbergtunnel aus dem Jahr 1906 ist der Vorläufer des heutigen Lötschberg-Basistunnels. Ab 1913 fuhren hier die ersten internationalen Transitzüge hindurch. Mit 14,4 Kilometern war der Lötschbergtunnel lange Zeit der drittlängste Alpentunnel. Ende des 20. Jahrhunderts konnte er jedoch dem wachsenden Transit-Verkehrsaufkommen nicht mehr gerecht werden. Zudem war er für eine Anbindung an das europäische Hochgeschwindigkeitsnetz nicht geeignet. Man entschloss sich daher zu einem Tunnelneubau. Der erste Durchstich zum Lötschberg-Basistunnel erfolgte am 21. Januar 2001.

Le tunnel de base du Lötschberg
21 janvier 2001 Construit en 1906, l'ancien tunnel du Lötschberg était le précurseur du tunnel actuel. Avéré inadapté au trafic ferroviaire international, l'édification d'un nouveau tunnel de base a été décidée et la première percée a eu lieu le 21 janvier 2001.

Lötschberg – Il tunnel di base
21 Gennaio 2001 Il tunnel del Lötschberg del 1906 fu il precursore dell'attuale tunnel di base. Dal 1913 fu il primo transito ferroviario internazionale della Svizzera e, con i suoi 14,4 km è il terzo tunnel delle Alpi per lunghezza. Successivamente venne chiuso in favore di un nuovo tunnel, aperto nel 2001.

20 Kilometer mehr Am 15. Juni 2007 wurde der neue Lötschberg-Basistunnel feierlich eingeweiht. Um den Erfolg des Bauwerks zu demonstrieren, fuhr während der Feier ein Zug vom Typ RE 465 durch den Tunnel, der beim Herausfahren von den Besuchern freudig begrüßt wurde. Der 34,6 Kilometer lange transalpine Basistunnel, der von Frutigen im Kandertal im Berner Oberland nach Raron im Rhônetal, Kanton Wallis, verläuft, ist heute der längste Eisenbahntunnel in der Schweiz und der drittlängste weltweit. Als Basistunnel ist er Teil der Lötschberg-Simplon-Achse der Neuen Eisenbahn-Alpentransversale (NEAT). Nach zahlreichen Probefahrten wurden am 9. Dezember 2007 auf der Lötschberg-Basisstrecke die ersten Personenzüge eingesetzt.

20 kilomètres de plus Le nouveau tunnel de base du Lötschberg a été inauguré le 15 juin 2007. Ce tunnel, d'une longueur de 34,6 kilomètres, relie l'Oberland bernois au canton du Valais. C'est le plus long tunnel ferroviaire de Suisse et le troisième plus long du monde.

20 Km in più Il nuovo tunnel di base fu inaugurato nel 2007: con 34,6 km di lunghezza è il più lungo tunnel ferroviario della Svizzera ed il terzo del mondo. Fa inoltre parte del progetto NEAT. Il permesso di attraversare il tunnel da treni passeggeri fu concesso, dopo numerosi viaggi di prova, il 9 Dicembre 2007.

Simplontunnel
Ein Tunnel wird 100 Jahre alt

1906 In diesem Jahr wurde nach knapp acht Jahren Bauzeit der 1898 begonnene Eisenbahntunnel zwischen Brig in der Schweiz und Iselle di Trasquera in Italien feierlich eingeweiht. Neben dem einspurigen Haupttunnel baute man einen Parallelstollen mit Querstollen zur Frischluftversorgung für die Bauarbeiter, der 1922 als zweite Fahrröhre in Betrieb genommen wurde. Von Anfang an befuhren nur strombetriebene Züge und Loks den Simplontunnel. Die 20 Kilometer lange Strecke durch den Berg bildete bis in die 1970er-Jahre den weltweit längsten Gebirgstunnel. Von 1906–1962 durchquerten die Züge des berühmten Orient-Express, der zwischen Paris und Istanbul verkehrt, den Tunnel und machten die Strecke als „Simplon-Orient" berühmt.

Le tunnel du Simplon

1906 C'est l'année de l'inauguration de ce double tunnel, dont la construction a duré huit ans, qui relie la Suisse à l'Italie par un parcours de 20 kilomètres. Seuls des trains électrifiés, comme le fameux Orient-Express qui relie Paris à Istanbul, le traversent.

Galleria del Sempione

1906 Dopo otto anni di lavori venne inaugurato la galleria che collegava Brig all'italiana Iselle di Trasquera. Il tunnel, lungo 20 km, rappresentava fino agli anni '70 il più lungo tunnel del mondo. Fino al 1962 esso era attraversato dal famoso "Orient Express", che rese noto il tunnel come "Simplon-Orient".

NEAT sei Dank Am 1. Dezember 1959 wurde mit dem Autoverlad begonnen. Die Aufnahme zeigt einen beladenen Autotransportzug auf der Strecke zwischen Brig nach Iselle in Italien bei der Einfahrt in den Simplontunnel. Anstelle des steilen Weges über den Simplonpass zu nehmen, können Reisende das Simplongebiet mit einer 20-minütigen Bahnfahrt durchqueren. Heute bildet der zweiröhrige Doppelspur-Eisenbahntunnel des Simplontunnels zusammen mit dem 2007 eingeweihten Lötschberg-Basistunnel die Westachse der neuen Eisenbahn-Alpentransversale NEAT.

NEAT soit loué Le transport des voitures a commencé le 1er décembre 1959. Les automobilistes peuvent éviter de passer par le col du Simplon en prenant le train. Grâce au réseau ferroviaire NEAT, la traversée ne dure alors que 20 minutes.

Sia ringraziata la NEAT La foto mostra un treno adibito al trasporto di vetture all'ingresso della galleria del Sempione, il cui attraversamento dura 20 minuti. Il tunnel a doppio binario, insieme al tunnel di base del Lötschberg, sono le nuove tratte ferroviare transalpine del progetto NEAT.

Gornergratbahn
Heute so aufregend wie früher – eine Fahrt im Schatten des Matterhorns

Um 1900 Vor der mächtigen Kulisse des Matterhorns fährt die Gornergrat-bahn den Gornergrat hinunter. Dieser Berg war schon seit den 1890er-Jahren ein beliebtes Ausflugsziel. Daher lag es nahe, eine Bahn auf den Gornergrat zu bauen. 1896 wurde mit dem Bau der gigantischen Ausflugsbahn begonnen. Nach einer Bauzeit von nur zwei Jahren nahm sie am 20. August 1898 als erste elektrische Zahnradbahn der Schweiz ihren Betrieb auf. Sie war ursprünglich als Sommerbahn gebaut, die von Zermatt bis zur Riffelalp oder zum Riffel-boden gehen sollte. Seit 1928 wird sie auch im Winter auf dieser Strecke ein-gesetzt. Den Gipfel des Gornergrats erreicht die Bergbahn erst seit 1942.

Le Gornergratbahn

Vers 1900 Le Gornergratbahn descend le Gornergrat devant l'imposante coulisse du Cervin. Avec des travaux qui ont débuté en 1896, le premier train à crémaillère électrifié de Suisse a été mis en service, le 20 août 1898, pour transporter des touristes.

Ferrovia del Gornergrat

Attorno al 1900 Il monte Gornergrat è dal 1890 un luogo di escursione molto apprezzato, sicché si stabilì la costruzione di una ferrovia. Nel 1898 la prima linea ferroviaria elettrica della Svizzera entrò così in funzione. Progettata dapprima come linea estiva, nel 1928 divenne attiva anche d'inverno.

Im neuen Design Die Fahrt mit der Gornergratbahn bis auf 3089 Meter Höhe hat nichts von ihrer Faszination eingebüßt. Heute präsentiert sich die Bahn, die jährlich rund vier Millionen Fahrgäste befördert, in einem modernen Design. Durch den Aufschwung des Wintersports stieg das Fahrgastaufkommen stark an. Aus diesem Grund wurde die Strecke zwischen Riffelalp und Riffelboden sowie zwischen Riffelberg und Gornergrat um zwei Doppelspurinseln erweitert. Da die Strecke mehrere Haltestationen hat, kann man in andere Bergbahnen umsteigen und so seine Touren sommers wie winters individuell gestalten.

Avec un nouveau design Le voyage qui mène à 3089 mètres d'altitude n'a rien perdu de la fascination qu'il procure. Dans des voitures modernes, il transporte environ 4 millions de voyageurs chaque année. Une deuxième voie a été ajoutée sur son parcours.

Con un nuovo design La ferrovia si presenta oggi con un design moderno; il suo percorso si snoda tra le varie zone turistiche. Dal momento che il tragitto ha varie stazioni, si può cambiare dove si preferisce e fare così, d'estate e d'inverno, un percorso secondo il proprio desiderio.

Genfer Auto-Salon
Von der Fahrradausstellung zur internationalen Automobilmesse

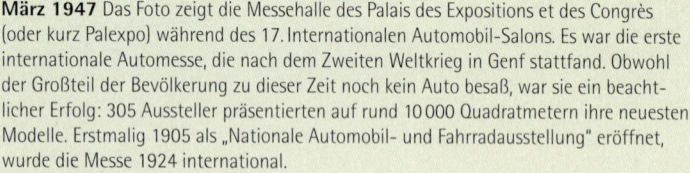

März 1947 Das Foto zeigt die Messehalle des Palais des Expositions et des Congrès (oder kurz Palexpo) während des 17. Internationalen Automobil-Salons. Es war die erste internationale Automesse, die nach dem Zweiten Weltkrieg in Genf stattfand. Obwohl der Großteil der Bevölkerung zu dieser Zeit noch kein Auto besaß, war sie ein beachtlicher Erfolg: 305 Aussteller präsentierten auf rund 10 000 Quadratmetern ihre neuesten Modelle. Erstmalig 1905 als „Nationale Automobil- und Fahrradausstellung" eröffnet, wurde die Messe 1924 international.

Le salon de l'automobile de Genève
Mars 1947 Le hall d'exposition de 10 000 mètres carrés du 17e Salon international de l'automobile de Genève. C'était alors le premier salon qui se déroulait à nouveau à Genève après la guerre. Le tout premier avait, lui, eu lieu en 1905, avant de devenir international en 1924.

Salone automobilistico di Ginevra
Marzo 1947 La foto mostra il 17imo salone automobilistico internazionale, la prima fiera automobilistica tenutasi a Ginevra dopo la seconda guerra mondiale. Nonostante poche persone avessero un' automobile allora, la fiera riscosse un discreto successo. Essa divenne internazionale dal 1924.

Palexpo heute Vom 8. bis 18. März 2007 fand im Messe- und Kongresszentrum Palexpo der 77. Genfer Auto-Salon statt. Wie der Veranstalter später bekannt gab, haben exakt 730 736 Autobegeisterte aus über 100 Ländern die Messe besucht. Damit erzielte der Auto-Salon 2007 sein zweitbestes Besucherergebnis. Mehr als 80 Welt- oder Europapremieren wurden präsentiert, darunter sechs Personenwagen mit Elektro- oder anderen Alternativantrieben. Mit diesen Modellen setzte der Genfer Auto-Salon einen neuen Trend: Die Hersteller richten sich vermehrt nach den Wünschen der Autokäufer, für die – neben Technik und Design – zunehmend ökologische und ökonomische Aspekte wichtig sind.

Palexpo aujourd'hui Le 77ᵉ Salon international de l'automobile de Genève, Palexpo, s'est tenu du 8 au 18 mars 2007. Avec 730 736 visiteurs venus de 100 pays, cette rencontre a battu, pour la deuxième fois, le record des visiteurs et celui des nouveautés présentées.

Palexpo oggi Al Palexpo, nel Marzo 2007, si tenne il 77imo salone dell'automobile di Ginevra, al quale parteciparono 730 736 appassionati. Il salone permette ai produttori di progettare i modelli attorno ai gusti dei compratori, che prestano sempre più attenzione agli aspetti economici ed ecologici.

Genfer Auto-Salon – Citroën
Vom SM zum C5

10. März 1970 1970 war für Citroën ein entscheidendes Jahr: Auf dem 40. Internationalen Automobil-Salon stellte der französische Autohersteller seinen inzwischen legendären Luxuswagen SM vor – ein komfortables Sportcoupé, ausgestattet mit einem Sechszylindermotor von Maserati. Dank seines Komforts und seiner ausgezeichneten Fahrleistungen wurde der SM sehr bald zum Liebhaberauto. Sogar mehrere französische Präsidenten nutzten ihn als Dienstfahrzeug. Zum Schick des Autos passend präsentiert sich ein Model der damaligen Mode entsprechend in Maxikleid, Plateauschuhen und Afrolook.

Le salon de l'automobile de Genève – Citroën
10 mars 1970 Pour Citroën, 1970 est une année décisive : le constructeur automobile français présente, pendant le salon, sa voiture de luxe légendaire, la SM, un coupé sport avec moteur Maserati devenu, par la suite, un objet convoité par les collectionneurs.

Salone dell'automobile di Ginevra – Citroën
10 Marzo 1970 Il 1970 fu un anno importante per la Citroën: Per il 40imo salone internazionale dell'automobile, il marchio francese presentò la SM – una coupé sportiva con motore a sei cilindri della Maserati, che divenne presto auto da collezione. Venne presentata insieme ad un modello secondo la moda del tempo.

Der C5 in der dritten Generation Die Preview des neuen Citroën C5 Break Tourer fand am 4. März 2008 statt. Auch hier wurde die spezielle Hydropneumatik verwendet, die erstmals beim Citroën SM 1970 eingesetzt wurde und die seitdem ein Markenzeichen der Marke Citroën ist. Auf dem 78. Internationalen Auto-Salon wurden über 1000 Modelle gezeigt, darunter mehr als 130 Fahrzeuge, die zum ersten Mal vorgestellt wurden.

La C5 de troisième génération La présentation de la nouvelle Citroën C5 a eu lieu le 4 mars 2008. La voiture dispose du même système hydropneumatique que la SM de 1970, l'emblème de la marque. Plus de 1000 modèles y ont été présentés.

La C5 di terza generazione La presentazione della Citroën C5 Break tourer ha avuto luogo il 4 Marzo 2008. Gli idropneumatici, montati per la prima volta sulla Citroën SM nel 1970, sono stati utilizzati anche su questo modello. Al 77imo salone automobilistico sono stati presentati oltre 1000 modelli, dei quali più di 130 per la prima volta.

Schifffahrt auf dem Genfer See
Vom Raddampfer zum Luxusliner

Um 1890 Seit dem 1. Juli 1823 verkehrt die „Guillaume Tell" als erstes Dampfschiff regelmäßig zwischen Genf und Lausanne. Bereits kurze Zeit später konkurrierten mehrere Schiffe darum, möglichst viele Güter und Personen von einem Seeufer zum anderen zu bringen. Das Jahr 1870 war für die Schifffahrt in der Schweiz von großer Bedeutung. Im Juli nahm der erste Salondampfer seinen Fahrbetrieb auf dem Genfer See auf. Bereits fünf Jahre später wurde der erste Passagierraddampfer eingesetzt. Die Schiffe der Genfer Schifffahrtsgesellschaft (CGN), die ihre Fahrgäste mit denselben kulinarischen Köstlichkeiten wie an Land verwöhnten, waren bei den Touristen wegen ihrer ausgezeichneten Küche besonders beliebt.

La navigation des bateaux sur le lac Léman
Vers 1890 En 1823, le premier bateau à vapeur, le *Guillaume Tell*, navigue régulièrement sur le lac, reliant Genève à Lausanne. À partir de 1870, la navigation sur les lacs pour le transport des personnes et des biens a pris de l'importance.

In nave sul lago di Ginevra
Attorno al 1890 Il primo Luglio 1823 il "Guglielmo Tell" prese servizio tra Ginevra e Losanna. Fu il primo piroscafo a compiere regolarmente questa tratta. Nel Luglio 1870 cominciò il suo esercizio il primo piroscafo salone del lago di Ginevra. Cinque anni dopo, viene impiegato il primo piroscafo passeggeri con ruote a vapore.

120 Jahre später Bereits vor dem Ersten Weltkrieg wurden in der Schweiz große Dampfschiffe eingesetzt, die nach und nach durch Dieselmotorschiffe ersetzt wurden. Der hier dargestellte Raddampfer mit Dieselmotor, die „L'Italie", wurde 1908 erbaut und zwischen 1955 und 1958 zu einem reinen Dieselmotorschiff umgerüstet. Seit 2005 ist das Schiff nicht mehr im Einsatz, da für die fällige Generalüberholung die finanziellen Mittel fehlten. Trotzdem können Touristen den größten Binnensee Mitteleuropas bis heute mit einer Fähre überqueren; auch Kreuzfahrten zwischen Seeanrainergemeinden werden angeboten. Für Liebhaber der Schweizer Küche gibt es in der Hochsaison sogar spezielle Sonderfahrten.

120 ans plus tard Avant la Première Guerre mondiale, de gros bateaux à vapeur naviguaient sur le lac qui ont peu à peu été remplacés par des bateaux à moteur diesel, comme celui-ci, *L'Italie*, construit en 1908 et modifié entre 1955 et 1958.

120 anni dopo I piroscafi vennero man mano sostituiti da navi a diesel. L'"Italia" fu costruito nel 1908 e fu convertito al motore diesel nel 1955–1958. Dal 2005 la nave non venne più utilizzata; tuttavia i turisti possono effettuare la tratta in traghetto. In alta stagione sono previste offerte speciali.

Register

A

Aarau 20
Aare 90, 92
Albisgütli 54
Albulatunnel 142
Aletschgletscher 98
Alpenbrevet 139
Alpenpanorama 80
Alpin-Marathon 137
Altnau 84
Arosa 7

B

Basel
– Centralbahnhof Fassadenuhren 12 f.
– Mittlere Brücke 8
– Münster 10 f.
– Pferdeomnibusse 12
– SBB 13
– Schiefe Brücke 16
– Spalentor, Lichtkunst 14
– St. Jakob-Park 106 f.
– St. Jakob-Stadion 106 f.
– Stadtmauer 14
– Wettsteinbrücke 16
Benthaus, Helmut 108
Berlingen 82 f.
Bern 58
– Befestigungsanlage 34
– Glockenspiel 35
– Kalenderuhr, astronomische 35
– Kramgasse 34 f.
– Laubengänge 35
– Marzilibad 90 f.
– Mattequartier 92
– Stade de Suisse 109, 113, 115
– Stadionuhr 112 f.
– Wankdorfstadion 110, 112 ff.
– Zeitglockenturm 34 f.
– Zytglogge 34
Berninagruppe 96
Biel 134
Bischoff + Rüegg 17
Bobbahn Skeleton 118
Bodenseehafen Romanshorn 84 f.
Bodenseehochwasser 82 f.
Böögg 52 f.
Botta, Mario 7
Bratchäs 57
Brauchtum 49, 70 f.
BSD Young Boys 115
Büel 136 f.
Bündner Alpen 96
Bürgerversammlungen 64
Bürkli, Arnold 28

C

Caracciola, Rudolf 62
Celio, Enrico 120
CERN 128 f.
Chagall, Marc 30
Chilbi 54
Chocolat Tobler 58 f.
Chur
– Alpenstadt 37
– Bischöflicher Hof 36
– Deutsche Straße 36
– Postplatz 36
– Regulakirche 36
Cresta Run 118 f.
Cuche, Didier 105

D

Davos 39
– Eisstadion 116
– Kongresszentrum 39
– Luftkurort 38
– Rodelrennen 38
– Sanatorien 38
– Schatzalp 38
– Spengler Cup 116 f.
– Zauberberg 38
Döring, Josef 72
Ds Hore 100
Dufourspitze 80
Dunant, Henri 74

E

Eidgenössischer Schwingerverband 68 f.
Eiger-Nordwand 124
– Medienspektakel 125
Eishockey 116
Engadin 86

F

Faesch, Emil 13
Fassadenmalereien 18
Favre, Lucien 111
FC Basel 108 f., 111
FC Zürich 110 f.
Fernwanderroute 139
Frutigen 146
Furka 143, 145

G

Genf
– Attentat Elisabeth 44
– Auto-Salon 152 ff.
– Cathédrale de Saint-Pierre 44
– Cité 42
– Internationales Rotes Kreuz 43
– Jet d'eau 42
– Maison Tavel 44
– Mausoleum Brunswick 44
– Panorama 42
– Promenade du Lac 47
– Quai du Mont-Blanc 44
– Rhône-Brücken 46
– Rotes Kreuz 74
– UNO 43
Genfer Escalade 76 f.
Genfer Konvention, erste 74
Genfer See
– Pont du Mont-Blanc 46 f.
– Schifffahrt 156
– Wasserfontäne 42 f.
Gerzensee-Kirchdorf 60
Glacier-Express 142 f., 145
Glarus 64
Gornergletscher 80
Gornergratbahn 150 f.
Gotschnatunnel 136
Gotthardtunnel 140 f.

Grenzbahnhof Europas 12 f.
Grenzgletscher 80
Großbasel 8, 16
Guillaume Tell 156

H

Haemmig, Walter 114
Hagnau 84
Harrer, Heinrich 124
Hayek, Nicolas C. 134
HC Davos 116
Heinrichsmünster 10
Helvetische Revolution 64
Hochwasserschutz 92
Hörnligrat, -hütte 102
Hornussen 49, 60 f.

I

IKRK 74
Ile de Rousseau 47
Innertkirchen 138
Interlaken 48
– Unspunnenfest 70 f.

J

Joggeli 106
Jungfrau-Region 98

K

Kanton
– Appenzell Ausserrhoden 64
– Bern 92
– Glarus 62, 64
– Graubünden 37, 40, 86, 136, 144
– Nidwalden 64
– Schaffhausen 18
– St. Gallen 88
– Tessin 78, 141
– Thurgau 82
– Uri 62, 141
– Wallis 98, 146
– Zürich 22, 55
Karl der Große 26
Käseherstellung 56
Kasparek, Fritz 124
Klausenpass 62
Klausenrennen 62
Kleinbasel 8, 16
Klosters 86 f., 136 f.
Knabenschießen 54 f.
Konkordiaplatz 98
Kuhn, Jakob „Köbi" 110

L

La Roche, Emanuel 13
Lago Maggiore 78
Landessprachen 7
Landquart 57, 86
Landsgemeinden 64
Landwasser Viadukt 144
Lauber, Kurt 102
Lauberhornrennen 126 f.
Le Corbusier 7
Lichtinstallation 15
Limmat 26
Locarno
– Filmfestival 78
– Grand Hotel 78
Lorelei-Inselgruppe 94

Lötschbergtunnel 146
Luxemburgerli 50
Luzern
– Kapellbrücke 32 f.
– Kapellbrückenbrand 32
– Schwing- und Älplerfest 68 f.
– St.-Peters-Kapelle 32
Luzerner Fasnacht 66
– Umzug 67

M

Marti, Hans 21
Martinsturm 10
Matterhorn 100 ff., 150
Menn, Christian 137
Monte Rosa 102
Morteratschgletscher 96 f.
Münsterbauhütte 11
Muzzulini, Virgilio 114

N

Nationalsport, Schweizer 60 f.
NEAT 146, 149
Nef, Sonja 105

O

Oberengadin 97
Oldtimer-Rennen 62
Olympische Winterspiele 104
Open-Air-Filmfestival 78
Oreiller, Henri 104
Orient-Express 148

P

Palexpo 153
Pizoggel 36
Pontresina 97

R

Raclette 57
Radmarathon 139
Renaturierungsarbeiten Reuss 94
Retour à Locarno 79
Reuss 94
Rhätische Bahn 38, 143
Rheinübergang 8, 16
Rhônetal 98, 146
Rhôneufer 47
Riegelhäuser 18
Riffelalp, -boden 151
Romanshorn 84 f.
Rösslitram 12
Rotes Kreuz 74
Rothalbmondmuseum 75
Rotkreuzmuseum 75
Rudolf I. v. Habsburg 7
Rütli 7
Rütlischwur 7

S

Savoyen 76
Schokolade 50
Schwarzsee 102
Schweizer Börse 24 f.
Schweizer Demokratie 64
Schweizer Käse 56 f.
Schweizer Sportarten, alte 48
Schweizerische Effektenbörse 25
Schwingen 68

Sechseläuten-Montag 52
Seegfrörni 84
Seeschüttung 94
SIKADO 92
Simplontunnel 148 f.
Skeleton 118 f.
Skirennsport 126
Sprüngli 50
St. Moritz 143, 145
– Bobsport 120
– Natureisbahn 120
– Olympia Bobrun 121
– Skeleton 118
– Stadtpanorama 40
– Top of the World 41
– White Turf 122
– Wintersport 40
St. Moritzersee
– Polo World Cup on Snow 122
– Skikjöring 122
Stein am Rhein
– Rathaus 18 f.
– Rathaussammlung 19
– Stadtarchiv 19
Steinstoßen 72
Sustenpass 138 f.
Sunnibergbrücke 136 f.
Swatch AG 134
Swiss Golf 61
SWX Swiss Exchange 25

T

Telli-Bebauung 20 f.
Telliring 21
Toblerone 59
Trogen 64
Tschuggen 7
Turnanlage, öffentliche 21

U

Uhrenindustrie 134
Umweltschutz 81
UNESCO
– Weltkulturerbe Albulatunnel 142
– Weltnaturerbe Jungfrau-Aletsch-Bietschhorn-
   Region 98
Unspunnenfest 48, 70 ff.
Unspunnenstein 72
Unwetter 86 ff.
Urfasnächtler Fritschi 66 f.
Urnersee 94
Ütliberg 22, 31

V

Vierwaldstättersee 94
Vörg, Ludwig 124

W

Walensee 88
Wassen 138
Weesen, Hochwasser 88 f.
Wengen, Lauberhornrennen 126 f.
Wettstein, Johann Rudolf 16
Wettsteinbrücke, Basilisken 16 f.
Whymper, Edward 102
Wiiberfasnacht 67
Wilhelm Tell 7
Wintersport 100 ff.
Wunder von Bern 112

Z

Zermatt 100, 143, 145
Zurbriggen, Pirmin 105
Zürcher Frühlingsfest 52
Zürich 22
– Alte Börse 24
– Bellevueplatz 28
– Börse 24
– Bürkliplatz 28
– Fraumünster 26, 30
– Grossmünster 26, 28
– Hafen Riesbach 28
– Kloten 130 ff.
– Konditorei Sprüngli 50
– Neue Börse 25
– Panorama 30
– Paradeplatz 50
– Predigerkirche 30 f.
– Quaibrücke 28 f.
– Sechseläuten 52 f., 77
– St. Peter-Kirche 26, 30 f.
– Stadtheilige 26
– Zwingliplatz 26
Zürichberg 22
Zürcher Knabenschießen 54 f.
Zwingli, Huldrych 26

Bildnachweis

Für die Bereitstellung von Bildmaterial zur Verwendung in diesem Buch dankt der Verlag der Bildagentur picture alliance.

pa•picture alliance

Umschlagabbildungen picture-alliance/Keystone/Photoglob, picture-alliance/Keystone/Martin Rütschi, picture-alliance/akg-images, picture-alliance/dpa/Thomas Eisenhuth **Seite 2** picture-alliance/Bildagentur Huber/Johanna Huber **6** picture-alliance/Keystone/Arno Balzarini **8** picture-alliance/dpa/Oliver Berg **10** picture-alliance/Keystone **11** picture-alliance/dpa/Thomas Eisenhuth **12** picture-alliance/Keystone **13** picture-alliance/Keystone/Gaetan Bally **14** picture-alliance/akg-images **15** picture-alliance/Keystone/Georgios Kefalas **16** picture-alliance/Keystone/Photoglob **17** picture-alliance/Keystone/Gaetan Bally **18** picture-alliance/akg-images **19** picture-alliance/Bildagentur Huber/R. Schmid **20** picture-alliance/Keystone **21** picture-alliance/Keystone/Walter Bieri **22** picture-alliance/akg-images **23** picture-alliance/Keystone/Gaetan Bally **24** picture-alliance/Keystone **25** picture-alliance/Keystone/Gaetan Bally **26** picture-alliance/Keystone/Photoglob **27** picture-alliance/Bildagentur Huber/R. Schmid **29o** picture-alliance/akg-images **29u** picture-alliance/Keystone/Martin Rütschi **30** picture-alliance/Keystone **31** picture-alliance/Keystone/Gaetan Bally **32** picture-alliance/Keystone **33** picture-alliance/dpa/Matthias Schrader **34** picture-alliance/akg-images **35** picture-alliance/dpa/Thomas Eisenhuth **36** picture-alliance/akg-images **37** picture-alliance/Keystone/Martin Rütschi **38** picture-alliance/Keystone/Photoglob **39** picture-alliance/Keystone/Martin Rütschi **40** picture-alliance/akg-images **41** picture-alliance/dpa Themendienst/Hilke Segbers **42** picture-alliance/akg-images **43** picture-alliance/Keystone/Gaetan Bally **44** picture-alliance/akg-images **45** picture-alliance/Bildagentur Huber/Gräfenhain **46** picture-alliance/akg-images **47** picture-alliance/dpa/Bernd Weißbrod **48** picture-alliance/Keystone **51o** picture-alliance/akg-images **51u** picture-alliance/Keystone/Gaetan Bally **52** picture-alliance/Keystone **53** picture-alliance/Keystone/Steffen Schmidt **54** picture-alliance/Keystone **55** picture-alliance/Keystone/Steffen Schmidt **56** picture-alliance/Keystone **57** picture-alliance/Keystone/Arno Balzarini **58** picture-alliance/Keystone **59** picture-alliance/Keystone/Martin Rütschi **60** picture-alliance/Keystone **61** picture-alliance/Keystone/Peter Schneider **62** picture-alliance/Keystone **63** picture-alliance/Keystone/Arno Balzarini **64/65o** picture-alliance/Keystone **65u** picture-alliance/dpaweb/Keystone/Urs Flüeler **66** picture-alliance/Keystone **67** picture-alliance/Keystone/Nicola Pitaro **68** picture-alliance/Keystone **69** picture-alliance/Keystone/Urs Flüeler **70** picture-alliance/Keystone **71** picture-alliance/Keystone/Monika Flueckiger **72** picture-alliance/Keystone **73** picture-alliance/Keystone/Martin Rütschi **74** picture-alliance/Keystone **75** picture-alliance/Empics/Tony Marshall **76** picture-alliance/akg-images **77** picture-alliance/Bildagentur Huber/S. Mezzanotte **78** picture-alliance/Keystone **79** picture-alliance/Keystone/Martial Trezzini **80** picture-alliance/united archives **82** picture-alliance/Keystone **83** picture-alliance/Keystone/Gaccioli **84** picture-alliance/Keystone **85** picture-alliance/Helga Lade/Ott **86/87** picture-alliance/dpaweb/Keystone/Arno Balzarini **88/89** picture-alliance/Keystone/Eddy Risch **90/91** picture-alliance/Keystone/Lukas Lehmann **92/93** picture-alliance/Keystone/Lukas Lehmann **94** picture-alliance/Keystone **95** picture-alliance/dpaweb/Keystone/Urs Flüeler **96** picture-alliance/Keystone/Photoglob **97** picture-alliance/Keystone/Arno Balzarini **98** picture-alliance/Keystone/Photoglob **99** picture-alliance/Keystone/Gillieron **100** picture-alliance/akg-images **101** picture-alliance/Keystone/Olivier Maire **102** picture-alliance/Keystone **103** picture-alliance/Bildagentur Huber **104** picture-alliance/dpa **106** picture-alliance/dpa **107** picture-alliance/Keystone/Gaetan Bally **108** picture-alliance/Keystone **109** picture-alliance/Keystone/Peter Schneider **110** picture-alliance/Keystone **111** picture-alliance/Keystone/Eddy Risch **112** picture-alliance/dpa/DB **113** picture-alliance/Keystone/Lukas Lehmann **114** picture-alliance/dpa/epu **115** picture-alliance/Keystone/Gaetan Bally **116** picture-alliance/Keystone **117** picture-alliance/dpaweb/Keystone/Alessandro Della Valle **118** picture-alliance/Keystone **119** picture-alliance/DPPI/Gerard Berthoud **120** picture-alliance/Keystone **121** picture-alliance/Keystone/Karl Mathis **123o** picture-alliance/Keystone **123u** picture-alliance/Keystone/Arno Balzarini **124/125** picture-alliance/Keystone **126** picture-alliance/Keystone

127 picture-alliance/Keystone/Peter Klaunzer **128** picture-alliance/Maxppp/Christine Palasz **130** picture-alliance/Keystone **131** picture-alliance/Keystone/Alessandro Della Bella **132** picture-alliance/Keystone **133** picture-alliance/Keystone/Martin Rütschi **134** picture-alliance/Keystone **135** picture-alliance/Keystone/Gaetan Bally **136** picture-alliance/Keystone/Martin Rütschi **137** picture-alliance/epa/Vanessa Gori **138** picture-alliance/akg-images **139** picture-alliance/Keystone/Martin Rütschi **140** picture-alliance/akg-images **141** picture-alliance/Keystone/Martin Rütschi **142** picture-alliance/Keystone **143** picture-alliance/Keystone/Martin Rütschi **144** picture-alliance/Keystone/Photoglob **145** picture-alliance/gms/Matterhorn Gotthard Bahn **146** picture-alliance/Keystone/Andrée-Noëlle Pot **147** picture-alliance/Keystone/Peter Klaunzer **148** picture-alliance/akg-images **149** picture-alliance/Keystone/Denis Emery **150** picture-alliance/akg-images **151** picture-alliance/Bildagentur Huber/Giovanni **152** picture-alliance/Keystone **153** picture-alliance/dpa/Uli Deck **154** picture-alliance/Keystone **155** picture-alliance/Keystone/Sandro Campardo **156** picture-alliance/akg-images **157** picture-alliance/Bildagentur Huber/Sharpe

Verlag und Redaktion bedanken sich ganz besonders bei Tanja Göbl für die herausragende Unterstützung bei der Bildredaktion zu diesem Buch.